「慰安婦」謀略戦に立ち向かえ！

日本の子供たちを誰が守るのか？

マイケル・ヨン
杉田　水脈
髙橋　史朗
西岡　力
徳永　信一
山岡　鉄秀

明成社

はしがき

たった一通のメールが人生を変えることがある。2014年3月31日、シドニーの事務所で普通に仕事をする私のメールボックスに飛び込んで来た一通のメール。それは、シドニー郊外のストラスフィールド市に住む、見ず知らずの日本人の母親が書いたものだった。どうやって私にたどり着いたのか、それはわからない。そこに書かれていたのは、慰安婦像を建てようとする反日団体の攻勢に怯《おび》え、子供たちへの悪影響を恐れる母親の必死のSOSだった。

「明日の夜、ストラスフィールド市の公会堂で、慰安婦像の設置の可否を決める公聴会と決議が行われます。日本人の方は集まってください！」

直前の告知で、日本人が何人集まってくれるか、はなはだ心もとない。ただ困り果ててSOSを発信した、母親の必死な気持ちがストレートに伝わってきた。私は迷わず電話を手に取っていた。この匿名のお母さんに何とか連絡を取るためだ。明日行くのでは遅すぎる。今夜中に何ができるか？　それが鍵だ。コミュニティ防衛の戦いはその日の夜のうちに始まった。私は初対面の人々に自己紹介することも忘れて翌日の戦略を語っていた。

あれから3年の歳月が流れた。ストラスフィールド市の慰安婦像は阻止したが、まだ戦いは続いている。あのメールを見たとき、私の脳裏に浮かんだのは何だっただろうか？

日本国の名誉だっただろうか？　英霊の名誉だっただろうか？　いや、違う。それは不安げな面持ちで子供を抱き締める母親の姿だった。日本人男性として、見て見ぬふりは絶対にできない、ただそれだけの気持ちが私を動かした。そしてその瞬間からいつ終わるとも知れぬ戦いが始まったのだ。


慰安婦問題に特別な知識があったわけではもちろんない。調べれば調べるほど、この問題が複雑な背景を持つことがわかってきた。この問題は断じて「昔日本がひどいことをしたのにきちんと謝らないから韓国の人たちが怒っている」などという単純な話ではない。「誠意を示して謝罪すれば和解できる」などというものでもない。その程度の話なら、とっくの昔に解決していただろう。この問題はそのような次元をとっくに飛び越えて、様々な国や団体の思惑が複雑に絡み合う様相を呈している。この問題は覇権主義にまい進する国家による敵陣営分断作戦であり、日本孤立化戦略であり、民族主義高揚のツールであり、金儲けのビジネスでもある。肥大化し、制御を失った、自己増殖するマシーンにもたとえられるだろう。その結果、在外邦人、特に子供たちに実害が及ぶ事態にまで至っている。もはや「歴史戦」という言葉だけではくくり切れない。そして、その様々な局面で必死に戦い続ける人々がいる。それらの人々の魂の叫びを集めたのがこの本だ。

そもそも、戦後何十年も、慰安婦問題なるものは存在しなかった。それがなぜこんな大ごとになってしまったのか？　引き金はなんだったのか？　慰安婦問題を推進する挺対協の正体は何か？　そして、親北勢力に飲み込まれようとしている現在の韓国で、慰安婦問題はどのように利用されようとしているのか？　日本が覚悟すべき脅威とは何か。慰安婦問題の第一人者である西岡力麗澤大学客員教授が韓国の最新情報を交えて解説する。

最近では、この問題が実は日本発であることを知る人も増えて来たが、国連が長く日本批判を目的とする日系ＮＧＯの独壇場で、一方的にそれらＮＧＯの主張に影響されて来たというショッキングな事実は知られていなかった。「性奴隷」という言葉も国連から広まった。日本人は外圧に弱いと言われるが、まるで「先生に言いつける」がごとく、国連を利用して日本政府に圧力をかけることに執念を燃やす人々がいる。女性の立場でこのような勢力の牙城《がじょう》に風穴を開けようと国連に乗り込み、フランス語でスピーチを行った前衆議院議員の杉田水脈氏が鮮烈な体験談と、日本が進むべき方向を語る。

子供を案ずる母親の思いが私を突き動かしたことは先に述べた。我々が憂慮している日系子女への苛《いじ》めや差別の問題は、すでに慰安婦像が建っている北米でこそ深刻である。米国では、事実に踏み込んで反論しなかった日本政府の不作為と、反日団体の強力な活動によって「日本軍が20万人もの女性を性奴隷として蹂躙《じゅうりん》した」という虚偽が歴史的事実として独り歩きし、教科書にまで載っている。そのような状況下で、人種的少数派として生きなくてはならない日系子女の苦悩は深い。さらに驚くべきことは、邦人保護を主要任務とするはずの現地日本領事館が、母親たちから相談を受けても、本省に対しては「いじめの例は確認されていない」と報告し、現地の親から強い不信を買っているというのだ。日本人はそこまで事なかれ主義に堕してしまったのだろうか。日本人同士協力して子供たちを守ることすらできないというのだろうか。髙橋史朗明星大学特別教授が現地の苦悩を伝える。

慰安婦問題は、ローカルな視点で捉えれば、日本人、とくに子供たちへの差別や苛めの問題だが、グローバルな視点で見れば、日本を悪魔化し、孤立させ、日米韓を離反させる覇権国家中国の国際戦略だとジャーナリストのマイケル・ヨン氏は喝破《かっぱ》する。軍人として戦場を渡り歩いてきたヨン氏にとって、戦闘中の軍隊が組織的に民家から20万人の女性を誘拐して性奴隷にするなど、荒唐無稽《こうとうむけい》な作り話に過ぎないことは瞬時にわかる。必要な要員、ロジスティクスを含め、戦闘中の軍隊にそのような余力はない。まして、そのようなことを強行すれば、新たな戦争や動乱を引き起こしてしまうだろう。逸脱した兵士による戦争犯罪と制度としての慰安婦制度を混同すべきではない。しかし、中国が仕掛ける情報戦は広く深い。その中国に無自覚に操られる韓国人は過激化の一途を辿り、日本人に対するテロ行為の発生も時間の問題だと、11か国を巡って調査を実施したヨン氏は警告する。

いずれも極めて重要な視点で、どれひとつ欠かせないが、私自身は次の2点を強調したい。まず、この問題を幼い子供たちの視点でとらえることの重要さである。慰安婦像そのものは、一見ただの少女像に見えるかもしれない。そして、反日団体は意図的に「女性の人権尊重」を前面に打ち出している。しかし、同時に、韓国も中国も国ぐるみで徹底した反日教育を行い、日本への憎悪を煽《あお》り、「恨」を民族の団結に利用しようとしている。この、憎悪に根差した民族主義にまともに影響されるのが、純粋な子供たちだ。韓国人や中国人の子供たちは、大人たちの言うことに疑問も持たず、純粋な正義感と敵愾心《てきがいしん》に突き動かされて日本の子供たちに攻撃的な態度を取る。子供たちは大人とは異なる基準で行動することを忘れてはいけない。結局のところ、苛められる日系の子供たちはもちろん、苛める方の子供たちもまた、不健全な民族主義と情報戦争の被害者なのだ。子供たちを守るという視点が常に必要だ。

そして、西岡力氏がかねてより指摘するように、慰安婦問題はそもそも日本人が作り出して日本人が広めたのだが、朝日新聞が吉田清治という韓国や北朝鮮の諜報機関に通じた詐欺師の作り話を大々的に広めたことが極めて重大な契機となっていることは、日本国内ではすでによく知られている。しかし、その朝日新聞が、国内では謝罪して記事の撤回を行ったように見せかけながら、英字記事では依然として「慰安婦が強制連行された性奴隷である」という印象を与える表現を使用し続けていることは知られていない。ジャーナリズムが、事実を検証し、真実を追求するものと考えるのは幻想にすぎない。この執拗《しつよう》な印象操作も辞さない工作機関のような新聞社が長く日本のクオリティペーパーと見做《みな》されて来た事実は重い。朝日新聞が今も続けるプロパガンダを具体例を示して解説する。

そして最後に資料編として、朝日・グレンデール訴訟（米紙謝罪広告等請求事件）の最終準備書面を追加した。慰安婦問題を引き起こし、日本の名誉と国益を甚だしく損失させた朝日新聞の大罪を追及する原告弁護団のロジックとこの問題の本質がご理解頂けるだろう。

日本国憲法前文にはこうある。

「平和を愛する諸国民の公正と信義に信頼して、われらの安全と生存を保持しようと決意した」

日本人は大至急夢から覚めなくてはならない。国境を一歩出れば、弱肉強食の世界が待っている。「弱さを見せれば、徹底的に攻撃されてしまう」「一度謝った人間に対してはどんなに攻撃してもよい」――そんな、日本人には想像もできない苛烈な文化がすぐ隣に存在する。人類の進化のスピードは緩慢だ。第三次世界大戦こそまだ起きていないが、戦火が消えることはない。吉田茂は晩年の手記で、安全保障を米国任せにした結果、日本人が国防を自分のこととして考えなくなってしまったことに後悔している旨を吐露している。日本人は今、この国を自ら守る決意を取り戻さなくてはならない。

大げさだと思う方は、マイケル・ヨン氏の章を読んで欲しい。戦争は、兵器を交える前に必ず情報戦から始まる。そしてヨン氏が言うように、慰安婦問題は巨大な情報戦争の一端に過ぎないのだ。日本はすでに戦争に巻き込まれている。戦後すっかり洗脳された日本人は、自分たちさえ出ていかなければ戦争は起こらないと未だに錯覚しているが、世界情勢は日増しに危険度を増し、この文章を書いている間にもミサイルが頭上に飛来しかねない事態になってしまった。

戦争になれば、それが情報戦であれ、実戦であれ、必ず弱い女性や子供が犠牲になる。証言をくるくると変える韓国人元慰安婦の老婆たちに怒りを覚える人も多いだろう。自ら売春業を選んだ人もいただろうが、幼くして親に女衒《ぜげん》に売られてしまい、ろくな教育も受けられなかった人も多い。それは日本の東北地方でも見られた悲劇だった。嘘は許せないが、彼女たちの境遇には心から同情する。しかし、かつて金儲けのために利用された彼女たちを、今度は政治的に利用する活動家たちを私は許せない。ヨン氏は、ソウルの日本大使館前の水曜デモで、挺対協の車から転げ落ちそうになる高齢の元慰安婦を目撃して胸を痛めている。そして、それら活動家の行為によって、今を生きる、何の罪もない日本人の母親や子供たちが傷ついていく。なんと罪深い行為であろうか。

北米で現地調査をした高橋史朗氏に詰め寄り、大粒の涙を流した現地邦人の母親がいた。思い余って、安倍首相に嘆願書をしたためた母親グループがいた。事実に踏み込んだ反論をしない日本政府に失望して、米国籍を選ぶ日本人子弟もいる。

その一方で、「日系子女への苛めなんて都市伝説に過ぎない」とか、「関東大震災時の朝鮮人暴動のデマみたいなものだ」と主張する日本人もいる。私は嘆息《たんそく》して空を見上げる。私は自らの経験で、日本人の母親たちが、子供たちを苛めから守るために、中韓活動家の行為に憤りながらも、周囲の中国人や韓国人の親たちと軋轢《あつれき》を起こさないように細心の注意を払いながら生活しているのをよく知っている。そんな母親たちの涙ぐましい努力を最大限尊重しながら戦う困難な道を選択してきた。

歴史戦の姿を借りた情報戦の嵐が吹き荒れる現状を客観的に見れば、日本人子女に対する苛めが発生しても不思議ではない。それは確実に言えることだ。我々責任ある大人がすべきことは、苛めを誘発する要因を断って予防することであり、苛めが発生しているかいないかを巡って批判しあうことではない。私は自ら現地調査に参加して、この苛めの問題に明確な判断を下し、対策を講じる機会があることを願っている。そして、この本を手にとってくださった全ての読者の方に問いかけたい。「誰が日本の子供たちを守るのか？」と。

ＡＪＣＮ代表・公益財団法人モラロジー研究所研究員

山岡　鉄秀

「慰安婦」謀略戦に立ち向かえ！

――日本の子供たちを誰が守るのか？

◎目　次

第1章

過激化する「慰安婦」謀略戦

憎しみの牧場
―過激化する韓国人―

ジャーナリスト　マイケル・ヨン

（本稿は、平成29年1月14日、朝日・グレンデール訴訟報告会での特別提言をまとめたものです。）

世界各地の戦場を取材して

私はアメリカで「ドア・ブレーカー（ドア破り）」というニックネームで知られています。それは主に、戦場からの取材報告によってです。危険な場所に行って、そこからしか見えない光景、状況を捉え、イラクやアフガニスタンから生々しい現実を伝えてきました。

実際の戦闘シーンを現地で写真に収めました。私の友人の指揮官が３回撃たれて地面に

自動車爆弾に巻き込まれた少女を抱きかかえる米兵
（写真提供／マイケル・ヨン）

崩れ落ちています（幸い命は助かりました）。そして兵士の頭上で白煙が上がっています。まさに銃弾が炸裂した瞬間です。また、私の友人がアルカイダの兵士と格闘の末に倒した瞬間を収めています。こちら（上記写真）はカーボムと呼ばれる自動車爆弾に巻き込まれた4歳の少女です。米兵が助けようとしましたが、助けることはできませんでした。

このように私は、戦場というものを熟知しているので、20万人の女性を戦時中に拉致するということがいかに非現実的か、すぐに頭にひらめきました。

私は自分の人生の大半を海外で過ごし75か国を巡ってきました。フェイスブックは60万人以上、ツイッターは3万人以上のフォロワーがいます。日本語のブログもあります。

私は慰安婦問題について、その背後にある謀略性を見抜いた人から依頼され、これまで11か国を巡って調査を行ってきました。

調査は、様々な土地で調査員を集めて行いました。慰安婦像があるカリフォルニアから始めて、日本、オーストラリア、マレーシア、インドネシア、ミャンマー、フィリピン、台湾、タイ、中国、韓国など、様々な国で得た様々な証言の記録を、タイのチェンマイにある私の事務所に持ち帰って、精緻な分析を行いました。

カリフォルニア州グレンデールの慰安婦像では、韓国で慰安婦像設置を推進している団体のリーダーに出会いました。彼女が率いるグループの中にはスパイがいて、私たちが話すことを聞いていました。彼らは韓国人ではなくて、日本人です。旅行者で、「しんぶん赤旗」に載っていた広告を見て来たと言っていました。つまり、日本共産党の人々です。慰安婦像設置は韓国人だけがやっているわけではないのです。

マレーシアにも行きました。ペナンにある戦争博物館では、まったく以て奇妙奇天烈《きみょうきてれつ》な展示がされています。「カミカゼ・ベスト」という展示物がありました。日本のパイロットはダイナマイトを仕掛けたベストを着て敵艦に突入したことになっているのです。

この博物館の館長は、北京に招かれたことをとても誇らしげにしていました。中国には、世界中の博物館をネットワークする組織があり、世界中の博物館の館長たちが北京に招かれているのですが、彼もその組織のメンバーになっているのです。そこで、海外から北京に招かれた人たちの名簿を見ることができました。これも博物館のネットワークを利用した中国共産党のプロパガンダ戦略です。

巨大な情報戦争の一端としての「慰安婦問題」

慰安婦像問題はそれ自体、非常に重要ではありますが、しかし実際には、より巨大な情報戦争の一端にすぎません。韓国人は現在、情報戦争のシステムの中で、過激化(radicalization)の一途を辿っています。私のチームは、彼らが実際のテロ行為、つまり日本人を殺すような行為に出てくるのは時間の問題だと見ております。

インドネシア、ミャンマー、フィリピンなどでは、それぞれの土地でその時代を知っているであろう長老たちを何とか探しては訪ねていく、という形で調査を行いました。現地のガイドに頼らずに自分の意思で行きたいところに行くという形をとっています。ガイドの持つ先入観に影響されないようにするためです。

インドネシアで日本人が非常に嫌われているという話が流布されていますが、実際にはカリバタ英雄墓地という国立墓地に日本人が現地の人々と一緒に埋葬されています。それだけ尊敬されているということなのです。それは、インドネシア独立に日本軍が全面的に協力をしたからです。ですから、日本人が嫌われているというのは明らかな間違いです。ミャンマーにも参りました。あちこちでＪＩＣＡ（国際協力機構）の看板やプロジェクトを目にしました。フィリピンでもアフガニスタンでもＪＩＣＡの仕事はあちこちで見られ、現地で評価されています。

お会いした年輩の方々は、一般的には日本人に対して非常に良い印象を持っていました。例えば、インドネシアでお会いした方は腕にのこるワクチン接種の跡を見せてくれ、日本人が天然痘の予防接種をしてくれたと言っていました。学校をつくって子供たちに日本語や算数を教えてくれるなど、日本人は自分たちを兄弟のように扱ってくれた。そのように言う人たちも多くいるわけです。

しかし、皆が皆、日本人が好きだというわけではありませんでした。それは、水質調査と土壌調査の違いのようなものです。プールの水をコップに一杯すくってその水質を調査すれば、プール全体の水質がだいたいわかります。しかし土壌の場合はその場所によって全然違ってきます。日本人に対しての評価は、土壌調査の方に近いものです。

たとえば、ベンガル人です。イギリスはミャンマーを統治するときに、外部から大量にベンガル人を連れて来ました。その人たちは、戦争中はイギリス軍の味方をしました。そうすると日本軍から見れば敵なので、身内が日本軍によって殺されているわけです。したがって、日本軍のことは嫌いだということになってしまうのです。

ある村では６３０人以上のベンガル系の人々が日本人によって殺されたという記録が残っています。また12人の女性が拉致されたそうです。遺体は近くの川に流れていったとか、様々な悲惨な状況があったと言われています。その虐殺があったという村に行き、誰か生き残りはいないかと聞いて回りました。そうすると一人の女性が遠く離れたところに生き残っていることを知りました。探すのは難しいと聞きましたが、２日間かけて彼女を探し出しました。彼女の話によれば、日本兵が村にやってきて村人たちを集めたそうです。そして、小さなグループに分けて、男性を切り離していきました。15人の男性が殺され、15人の女性が連行されました。記録では12人となっていますが、彼女は15人と言いました。当時、彼女は27歳だったそうです。15人のうち１人は逃亡し、残りは歩き始めたのですが、彼女と彼女の友人は水を汲みに行くことを許されます。その機会に逃げ出したそうです。日本兵に背後から撃たれながらも、何とか逃げ切ったそうです。

話が進むにつれ、一緒にいた息子が「母親に弁償しろ」と怒り出しましたが、何とか落ち着かせました。残りの12人がどうなったのかはわかりません。５人はタイに逃げ落ちたという情報もあります。彼女たちの名前をベンガル語とビルマ語、英語で書き出してもらって、探せるかどうか努力をしてみましたが、見つかりませんでした。

一方、別の村では日本人に対して大変好意的でした。あるお婆さんは当時17歳で、どうやら日本兵と恋仲にあったようでした。日本人の話を始めると遠くを見つめるような眼で髪に指をやり、懐かしい思い出に思いを馳せるような仕草をしました。

日本人はその後もたびたび訪ねてきたようで、何か悪いことをしていたら、そんなことはできなかったはずです。

フィリピンも場所によって、親日的な所もあれば、反日的な所もあるという土地です。ある人は自宅にカミカゼ博物館を持っていて、日本兵は私たちを兄弟のように扱ったと証言してくれました。一方で、バターン死の行進といわれる歴史的事件があります。日本兵は捕虜に水や食料も与えていたそうですが、全体的には残酷であったと彼は証言していました。

アンジェリーナ・ジョリーによって映画化された『アンブロークン』という小説があります。映画、本ともにベストセラーになっておりますが、この作者ローラ・ヒレンブランド女史の言っていることには大きな嘘があります。彼女は「テニアン島で5000人の韓国人が日本人によって虐殺された」と言っていますが、私は調査の結果、そのようなことはなかったと確信しました。

そして、もし「5000人の虐殺」を証明できたら2万ドル払う、という広告を打ちました。テニアン島のような小さな島で5000人もの虐殺があれば、確たる証拠が残っているはずです。最初は1000ドルの賞金から始め、それが1万ドルになり、2万ドルになりました。この広告に多くのアメリカ人が怒りましたが、しかしまだ誰も申し出ていません。

中国は、私の調査の最後に選んだ最も危険な場所でした。巨大な南京虐殺記念館を訪れると、私がいる間にも、次から次へと観光客や生徒を満載したバスが到着しました。館内のすべての展示物は、写真が撮りやすいように配置されています。その凝り方は、ほとんどディズニーランドの域に達していると言って過言ではないでしょう。そして館内のどこに行っても「30万人」という数字が出てきます。繰り返し繰り返し、刷り込んでいるのです。「30万人」という数字の根拠は関係ありません。この博物館を訪れ、去る頃には誰もが日本人を憎んでいます。それがこの博物館の目的なのです。

韓国で蔓延《はびこ》る慰安婦ビジネス

慰安婦像を実際につくっている夫婦にインタビューすることができました。彼らはビジネスとして慰安婦像を一体340万円程度で売っているといい、このインタビューの時点で30個は売っていたということでした。つまり、総額1億円の売上げがあるということになります。奥さんが私に何かを渡しましたが、これはケーキが入っているわけではありません。実は、プラスチックの慰安婦像が入っているのです。慰安婦像には様々なバージョンがあります。「卓上慰安婦像」とか、「旅行に持って行ける慰安婦像」とか、いろいろあります。ソウルの梨花《イファ》女子大学の近くには蝶の羽の生えた慰安婦像なんていうのもあります。

2016年末の日韓合意以後ずっと、ソウルの日本大使館前の慰安婦像脇でキャンプしている人たちがいます。３６５日以上経っていますが、雨の日も雪の日も離れまいとしているのです。私は、近くのホテルに滞在しながら毎日のように見に行って観察しました。彼らは今日が何日目かをカウントして、毎日毎日、持久戦のようにキャンプを続けているのです。

韓国内および世界中で慰安婦像設置を推進する挺対協（挺身隊問題対策協議会）の本部にも行きました。私に慰安婦像を３００ドルで売りつけようとしてきた彼女はその代表で全ての慰安婦像設置活動の背後にいる存在です。「水曜デモ」を毎週、ソウルの日本大使館前で行っていますが、ここにギルさんというおばあさんを乗せたバスが着きました。バスから降りる際、おばあさんが崩れ落ちそうになり、先程の挺対協の代表が慌てて何とか支えました。もう立っていられないくらい足腰が弱っているおばあさんを引き回すというのは本当にどういう

大学生の募金で梨花女子大前のテヒョン文化公園に建てられた「平和の少女像」（時事通信社）

ものなのか、とあきれてしまいます。

韓国では、カトリックもこの慰安婦活動に巻き込まれていることがわかりました。反日団体だけではないのです。アムネスティ・インターナショナルも、カトリックなどの宗教団体も一緒になってしまっているのです。フランシスコ修道会に行ってみると、キリスト教関係の銅像と一緒に慰安婦像も展示されていました。そして中で販売もしています。

実はアメリカでは、このフランシスコ修道会の牧師たちが、児童への性虐待の罪で逮捕されています。それでどうして慰安婦問題に首を突っ込めるのか、まったく考えられません。バチカンのために「慰安少年」の銅像を建ててあげたらどうでしょうか。いえ、そんなことを言ったら、私は間違いなくカトリックに殺されるでしょうね（笑）。

慰安婦問題というものが、いかに巨大な情報戦の一環であるのか、その背後には憎しみを作り出す工場のようなシステムが稼働しているのだということ、そして、そのシステムが特に韓国人を過激化し、テロリズムの域にまで達して、日本人の身に迫ってくる危険があるということを、是非とも皆様にはご理解いただければと思います。

歴史戦の最前線・国連で私が感じたこと

前衆議院議員　杉田　水脈

（本稿は、平成29年1月14日、朝日・グレンデール訴訟報告会での提言をまとめたものです。）

左派系ＮＧＯの暗躍

韓国の大使館前の写真を見ていると、沸々と怒りが込み上げてきます。でも皆さん、韓国や中国に怒る前に、少し立ち止まって思い出してみてください。

そもそも、この問題の発端は日本にあったのではないでしょうか。日本人が世界中に嘘をばらまいてきたのではないですか。そして、いまだに慰安婦問題の中心にいるのは日本人です。

私は2015年7月、初めて国連に行きました。国連の女子差別撤廃委員会の準備会合に出席するためです。

女子差別撤廃委員会のような会期委員会は、

①準備会合を開催してNGOから意見聴取
②委員会より日本政府へ「質問書」を送付
③日本政府は「質問書」に対する回答となる「報告書」を作成して委員会へ提出
④委員会は「報告書」を元に事前会合を開催してNGOから意見聴取
⑤委員会は対日審査を開催して日本政府へ質問
⑥委員会より日本政府へ「最終見解」を送付

という一連の流れで行われます。

国連を理解する上で、まずはっきりさせておきたいことは、国連はほとんど自分の意思を持たない機関だということです。国連では、非政府組織（NGO）の意見が尊重されます。それぞれの国の市民から出てくる声を吸い上げて、各国政府に勧告するのが国連の役目です。

これまで、人権派弁護士が率いる「日本弁護士連合会（日弁連）」、部落解放同盟系の「反差別国際運動（ＩＭＡＤＲ）」、共産党系の「新日本婦人の会」など、いわゆる左派系ＮＧＯのメンバーが、国連の人権関連の委員会に足繁く通い、レポートを提出したり、直接委員に陳述するなどといったロビー活動を続けてきました。そこで彼らは、よく「あることないこと」という慣用句が使われますが、私から言わせれば「ないことないこと」を国連に訴えてきたのです。

彼らはすでに20年以上にわたり、国連における重要テーマの一つとして慰安婦問題を位置付けて取り組んできました。国連の場で「日本は韓国にこんな悪いことをしたのに謝っていません。元慰安婦のお婆さんに補償していません」というデタラメな主張を続けてきたのです。

それに対して、保守派はなす術がありませんでした。そして、ようやく我々が反論できたのが２０１５年７月だったのだと思います。すでにもう何周も遅れてリレーを走っているようなものです。

国連でのスピーチ

「なでしこアクション」の山本優美子氏とともに国連の場に赴きました。私はかねてから慰安婦問題は、女性こそが取り組むべき問題だと思っています。戦時中の性の問題について、男性が指摘すると「女性差別だ」と頭ごなしに否定されかねないからです。

このとき、私たちに与えられたスピーチ時間はわずか2分ずつでしたが、フランス語で次のようにスピーチしました（国連の委員会では、常任理事国であるアメリカ・イギリス・フランス・ロシア・中国のいずれかの言語でスピーチすることが義務づけられています）。

2015年9月、国連・人権基本理事会にて

《私の名前は杉田水脈です。日本の前衆議院議員です。

今日は、私が考える慰安婦問題のポイントを皆さんと共有したいと思います。日本の慰安婦問題の論点は、日本の軍隊が女性たちを強制的に慰安所に連行したかどうかです。私は、外国で言われているような「日本の軍隊が力づくで女性たちを動員し、性奴隷にした」という歴史的な証拠は日本でいくら探しても見つからないことをここで確認しておきます。

「女性たちを駆り出して連行した」という話は、吉田清治という作家のでっち上げが基となっています。日本の有力紙、世界的にも有名な朝日新聞は、吉田清治のつくり話を歴史的な証拠として32年間の長きにわたり、国際的に日本の名誉を貶《おとし》める報道を続けました。

しかしながら２０１４年８月５日、朝日新聞が紙上で慰安婦問題のこれまでの報道の検証を行い、吉田清治の証言が全くの虚偽であったことを認め、それを記事として周知しました。

現在、まだまだ世界中で、日本は女性を性奴隷にしたと思われており、それはナチス・ドイツのホロコーストに匹敵する重大な犯罪だと宣伝されています。これは全く事実無根であることを私は大きな声で断言します。》

私や山本氏のスピーチ内容に、国連の委員も驚いた様子でした。私たちのスピーチを受けて、国連は日本政府に対して「質問書」を送付し、「『慰安婦の強制連行を証明するものはなかった』との報告を受けた。これについて（日本政府の）見解を述べよ」と意見を求めてきました。

日本政府が回答したのは翌年（2016）2月の対日審査でのことでしたが、私は前年の9月に国連欧州本部（ジュネーブ）で開かれた人権理事会にも参加しました。ここでも2分だけスピーチさせてもらうことになり、クマラスワミ報告書（39頁参照）の撤回を求めました。

そして、日本政府は対日審査において、政府代表団長の杉山晋輔外務審議官（当時）が、国連からの「質問書」に対する「報告書」の概要を説明しました。

杉山審議官の答弁（36頁参照）は、日本の真実を踏まえた内容だったと思います。しかしこの答弁はあくまで口頭でのやりとりにとどまり、プレスには公開されませんでした。答弁内容を評価しない者が口頭発表にこだわり、国連による実質「非公開」措置に導いた疑いを捨てきることができません。これは極めて残念なことだと思います。

●杉山晋輔外務審議官の発言（2016年2月16日）

政府は歴史問題が政治外交問題化された1990年以降、強制連行の有無についての調査を行ったが、これを確認できるものはなかった。

これが広く流布された原因は、吉田清治氏（故人）が本の中で、済州島において自らが日本軍の命令で、大勢の女性狩りをしたという虚偽を述べたことによる。朝日新聞はこれを大きく報道し、国際社会に多大な影響を与えた。しかし、これは彼の完全な想像の産物である。朝日新聞はこの事実関係の誤りを認めた。

20万人という数字に裏付けは無い。20万人という数字の元は、朝日新聞が女子挺身隊と慰安婦を混同したことによる。女子挺身隊とは、労働提供であり性の相手ではない。

また、性奴隷という表現は事実に反する。

日韓合意で日本政府は今後、10億円を提供する。これで元慰安婦の心の傷をいやすための事業を行うことにしている。

他の国についても、サンフランシスコ講和条約や各々の二国間条約で個人の請求も含めて法的に解決済みである。

いまこそ反転攻勢に打って出るべき

この一件からもわかるように、慰安婦問題は、日本国内の反日活動家の問題であると同時に、もう一つの大きな問題は外務省にあると考えています。実は、外務省は、クマラスワミ報告書が出た際、それに対する詳細な反論文を書き上げていました。しかし最終的には引っ込めています。せっかく慰安婦の「強制連行」「性奴隷」は事実に反するということ、また慰安婦と挺身隊とを混同していたことも含め、詳細な報告書を書いていたのに、引っ込めてしまったのです。

慰安婦問題を解決するためには、一つ一つ順番に進めていく必要があります。まずは、日本の反日活動家が言っていることを崩していかなければなりません。そして、そのために何が一番必要かと言えば、この朝日・グレンデール訴訟に勝つことなのです。

実は、彼ら反日活動家も弱ってきています。私は近年、彼らが主催する集会に足を運び、そこで一体どういった主張がなされているのかを聞いてきました。また、そういった人たちの巣窟《そうくつ》と言われる国内施設や、カナダの集会などにも行きましたが、そこで感じたのは彼らがかなり焦ってきているということでした。先日参議院会館で「日韓合意後も個人賠償は可能」という趣旨の集会に参加した際、講演した弁護士が口々に「最後の砦は河野談話だ」「私たちには河野談話があるじゃないの。これがある限り、私たちは闘える。河野談話を心の拠り所として、今後の活動をやっていきましょう」と言っていました。

杉山審議官の発言からもわかるとおり、外務省の姿勢も少しずつではありますが変わってきています。朝日新聞に誤報を認めさせることで、外務省も自ずと変わらざるをえないのです。

私はこの活動を通じて、最終的には日本政府に河野談話を見直させるところまで持って行かなくてはいけないと思っています。そして国内のみならず、一番重要なのは国際社会に対して如何に情報発信していくかということです。誤解が広まっているのは、日本だけではありません。アメリカ、オーストラリア、ヨーロッパ、アジア…、世界が「歴史戦」の舞台となっているのです。世界各国からのいわれなき誤解を解くために、朝日新聞に英語で訂正記事を掲載させ、自らの罪を償ってもらわなければなりません。そして、河野談話を撤回し、外務省のＨＰの書き替えまでやっていただかなくてはいけません。そこまでいって初めて勝利だと思います。是非、皆様にも最後まで応援いただければと思います。

◎クマラスワミ報告書（1996.2）

◆経緯

ラディカ・クマラスワミ氏は1994年に「女性に対する暴力」国連人権委員会報告者に任命され、翌95年7月に韓国および日本を訪問。訪日した際、同氏は、政府関係者・国会議員・弁護士・学者等に面会している。

◆概要

・1996年2月、クマラスワミ特別報告者は、人権委員会に「女性に対する暴力」に関する報告書を提出。同報告書の付属文書においてわが国の慰安婦問題が取り上げられた。

・同報告書では、**慰安婦を軍隊性的奴隷（military sex slave）とし、慰安婦の募集**、慰安所の状況等の歴史的背景を説明。その上で、特別報告者として日本および韓国を訪問した際の元慰安婦や複数の関係者の証言並びに北朝鮮、韓国および日本の立場を掲載。

・結論として、日本政府に対して以下の勧告を出している。

慰安所制度が国際法上の義務違反であることを認めた上での、法的責任の受け入れ、元慰安婦個人に対する補償、全関連文書の公開、書面での公式謝罪、歴史的事実を反映する教育課程の改訂、慰安婦募集および慰安所開設に関与した者の特定、処罰。

慰安婦像設置と親北左派勢力

麗澤大学客員教授
モラロジー研究所「歴史研究室」室長　西岡　力

（本稿は、平成29年1月14日、朝日・グレンデール訴訟報告会での提言をまとめたものです。）

釜山までが従北派の「解放空間」に

韓国の慰安婦問題の中心にいるのは、挺身隊問題対策協議会（挺対協）です。そもそも「挺身隊」と言っていること自体嘘なのですが、挺身隊と慰安婦が違うと明らかになってからも名前を変えていません。このことからしても、彼らは歴史事実を明らかにして、女性の人権を考える団体ではないということが言えます。北朝鮮と協力して、日韓関係を悪

■釜山慰安婦像をめぐる経緯

●平成27年12月28日
日韓両政府「最終的かつ不可逆的な解決」を確認（日韓合意）
●平成28年12月28日
釜山の日本領事館前の路上に「慰安婦像」設置
同日、管轄の釜山市東区が設置を許可せず、撤去
● 12月30日
再び設置（「市民からの抗議殺到で」急遽許可）
● 12月31日
除幕式
●平成29年1月6日
日本政府、韓国政府に抗議し、長嶺安政駐韓大使と森本康敬釜山総領事の一時帰国、日韓通貨交換（スワップ）協議再開の協議中断などの措置をとる。

化させることを目的としている団体なのです。リーダーの尹美香《ユンミヒャン》の夫である金三石《キムサンスク》は、北朝鮮のスパイとして捕まり、懲役4年の実刑を受けています。その妹もスパイで、彼らは「兄弟スパイ団事件」で有罪となっています。二人の罪状の一部には、来日して在日韓国人の北のスパイと会ったことが入っています。

ソウル大学名誉教授の安秉直《アンビョンジク》教授は当初挺対協と一緒に活動していましたが、その後、「挺対協は女性の人権のための団体ではない。日韓関係を悪化させることを目的とした団体だと気付き、活動に関わるのを止めた」と述べています。

挺対協は筋金入りの従北派（北朝鮮に従属している集団）で、金正日が亡くなったときには弔電まで打っています。

彼らは北朝鮮女性の人権問題については一切口にしません。現在進行形で性奴隷にされているのは誰でしょうか。北朝鮮から逃げた脱北者の女性が、10万円で中国の業者に売られ、足かせを嵌《は》められて中国の貧しい農村に売られ、兄弟共用の妻になっているという現実があります。これは現在進行形の問題であり、いま助けようと思えば助けられるので

しかし、そのことには目をつむって、70年前の嘘である慰安婦問題を北朝鮮と一体となって未だに言い続けているのです。これが挺対協の実態です。

２０１６年末、韓国釜山の日本総領事館前の歩道に慰安婦像が建てられてしまいました。道路を管轄する釜山市東区庁は、許可を受けていないことを理由に一度、この像を撤去しましたが、激しい抗議に晒《さら》され像設置を黙認しています。

像を建てた団体は、もちろん挺対協とも関係がありますが、表に出ているのは女子学生たちです。釜山大学航空宇宙学科3年・馬ヒジンという女子学生は「未来世代が建てる少女像推進委員会」の代表を務めており、街頭でカンパを集めて、その資金を元手に慰安婦像を依頼してつくったのです。慰安婦像をつくった二人も反米活動家として、米軍基地反対を訴えている人です。そういう人のつくった銅像をアメリカ国内で建てていること自体おかしな話だと思います。

馬ヒジンは、航空宇宙学科ですから歴史学専門ではありません。その彼女がなぜ慰安婦問題に関心を持ったのでしょうか。彼女は、「ウリギョレ（我が民族）ハナテギ（一つになる）釜山運動本部」の学生部代表として活動する中で、慰安婦問題を知って像設置運動を開始したと韓国紙のインタビューで語っています。

釜山市東区庁は像を一時撤去しましたが、それに対して抗議声明を出した団体に、「平和ナビ（蝶）」という団体があります。これは、実は暴力革命を目指す団体として、韓国の憲法に基づいて解散させられた統合進歩党の青年組織を母体としています。

日韓関係を悪化させることで最も得をするのは、北朝鮮です。韓国の親北勢力は朝日新聞の誤報を巧みに利用して、政治工作を着々と進めてきました。ソウルの大使館前はすでに大韓民国の法律が適用できず従北勢力が支配する「解放空間」となっていましたが、ついにその「解放空間」が釜山にまで南下してきたことは戦慄《せんりつ》すべき状況だと言えます。

「反日自虐史観」と親北革命

東区庁への抗議では文在寅《ムンジェイン》・前「ともに民主党」代表がツイッターで次のように煽動し

ました。

「少女像設置は真の独立宣言だ。釜山東区長とその背後勢力は恐れている。清算されていない親日行為にちがいありません」

文氏らは自分たちが行っている朴槿恵《パククネ》たたきは日本統治に反対した独立運動の系譜をつぐものだという歪んだ左派民族主義を基盤としています。彼らの歴史観からすると、独立後の韓国の支配層は、日本統治に協力しながら独立後も米国の庇護《ひご》下で処罰を免れた悪質な「親日派」とその後裔《こうえい》だといいます。

２０１５年、韓国では『暗殺』という映画が上映され１２７０万人の観客を集め、歴代８位の大ヒット作となりました。独立運動家らが総督府幹部と日本に協力する「親日派」朝鮮人を暗殺しようとするというストーリーです。２０１６年12月、朴槿恵大統領の弾劾訴追が決まった直後の左派のデモでは、この映画のポスターを大きく引き延ばして掲げていました。そこでは主人公役の俳優の顔が刑務所に入っている李石基《イソッキ》・元国会議員らに入れ替えられ、「彼らが帰ってくるのが民主主義」「親日派大統領に立ち向かった彼ら、従北だと決めつけられ報復を受けた」という大きな文字が書かれています。李・元議員は北朝鮮と通じて武装蜂起を準備した罪などで懲役刑を受け刑務所にいます。左派デモ隊は、従北元国会議員は独立運動を行って親日派に捕まったのだから、彼らが釈放されるのが民主主義だという驚くべき主張をしています。

韓国では今、従北勢力が「反日自虐史観」を活用して親北革命を起こそうとしています。釜山総領事館前の慰安婦像設置もその一環です。反日自虐史観は、実は1982年の教科書問題、1992年以降の慰安婦問題などでわが国外務省が事実に基づく反論をせず安易に謝罪し支援を行ってきたことによって韓国に拡散していきました。日本の統治時代を知らない若い世代は、訪韓した宮澤総理が慰安婦問題で8回も謝罪する姿を見て、強制連行があったに違いないと信じ、そのような蛮行を行った日本軍に協力した「親日派」とその後裔を処断すべきだという左派の煽動に乗ってしまったのです。

健全な相互批判なしに真の日韓友好はありえない

釜山の一件を受けて、日本政府は大使らを帰国させ、日韓スワップ協議を中断させる措置をとりました。これは正しい判断だったと思います。健全な相互批判なしには、友好はありえないと思います。「反日自虐史観」の誤りを韓国民に伝えるという意味でも望ましい対応でした。

そもそも２０１５年12月の日韓合意で、韓国の尹炳世《ユンビョンセ》外相は次のように述べています。

「韓国政府は、日本政府が在韓国日本大使館前の少女像に対し、公館の安寧・威厳の維持の観点から懸念していることを認知し、韓国政府としても、可能な対応方向について関連団体との協議を行う等を通じて、適切に解決されるよう努力する」

ここで言う関連団体とは、挺対協や未来委員会のことを指しています。

しかし、韓国政府は挺対協を説得しに行ったでしょうか。韓国政府の役人が釜山まで行って、「ここに像を建てるのはダメだ」「ウィーン条約違反だ」と言って、それでもダメなのであればまだ話はわかります。しかし、韓国政府は慰安婦像を不法に設置した左派団体に対して、一度も協議を申し入れていません。私は、韓国外相が釜山に行って関係団体と協議するまでは、今回の措置を続けるべきだと思っています。

日本が大使を帰国させたことによって、韓国世論も少し変わってきました。左派マスコミは、相変わらず安倍首相批判を強めていますが、一方で、朝鮮日報や中央日報などの保守系新聞が社説でウィーン条約（※註）を紹介して韓国側にも非があることを伝えました。

朝鮮日報の２０１７年１月10日社説では、次のように書かれています。

「他国が嫌悪する施設をその国の公館前に設置することは韓国国内にも疑問の声がある。外国公館の品位を傷つけることを防止するよう求めた『外交関係に関するウィーン条約』第22条はまさにこのことを定めている」

東亜日報も同様の趣旨を紙面に掲載しています。

さらに、韓国の民間保守運動体である国民行動本部は「釜山の日本総領事館の前に『慰安婦少女像』を再設置したことは韓日間合意精神に背くだけでなく何よりも不法行為だ。文明国家としての国の格を守るためにも法の通りしなければならない。政府は『慰安婦少女像』を撤去して韓米日同盟関係を修復しなければならない」という声明を出しました。

※註　外交関係に関するウィーン条約　第22条

1　使節団の公館は、不可侵とする。接受国の官吏は、使節団の長が同意した場合を除くほか、公館に立ち入ることができない。

2　接受国は、侵入又は損壊に対し使節団の公館を保護するため及び公館の安寧の妨害又は公館の威厳の侵害を防止するため適当なすべての措置を執る特別の責務を有する。

こうした韓国国内の保守系団体と日本との連帯を一体誰が阻害しているのでしょうか。

慰安婦問題の本質は、歴史認識の違いそのものにあるのではなく、１９８２年以降に歴史を政治的に利用して、日本に対する不法な内政干渉が行われていることです。教科書記述、戦歿者慰霊の仕方…、韓国がこれまで日本に対して行ってきたことは明確な内政干渉です。

日本国内で慰安婦を巡り、虚偽報道が行われました。そして、それを韓国の左派と北朝鮮、中国共産党が利用し、内政干渉を行って日本政府が謝罪しました。

その結果、今なお国際社会に嘘が拡散し続けています。日本が自己主張することで韓国人に自分たちのやっていること、信じていることがおかしいのではないかと考えさせる契機を与えることになります。真の日韓友好は健全な相互批判の上にしかないことを改めて強調したいと思います。

第2章 いま、海外で危機に晒される日本人

○日本の子供たちを誰が守るのか？
山岡　鉄秀（ＡＪＣＮ代表）

○総領事、なぜ子女を助けてくれないのですか？
髙橋　史朗（明星大学特別教授）

○日本人の子供に公然と「いじめ」が行われている
永門　洋子（在米助産師）

日本の子供たちを誰が守るのか？

ＡＪＣＮ代表
公益財団法人モラロジー研究所研究員　山岡　鉄秀

（本稿は、平成29年1月14日、朝日・グレンデール訴訟報告会での提言をまとめたものです。）

今も英字紙で「誤報」を流し続けている朝日新聞

朝日・グレンデール裁判（２０１６年12月22日結審）の最後の口頭弁論で、朝日新聞の弁護士の発言を聞いて暗澹《あんたん》たる気持ちになりました。「誤報があったとしても、70年以上前の出来事で、日本人の名誉が貶められることはない」「韓国の反日活動は韓国人の意思によるもので、朝日新聞は関係ない」などとまくし立てたのです。この裁判の過程で「朝日

《朝日が慰安婦問題関係の記事に必ず挿入する常套句》

"Comfort women" is a euphemism for women who were forced to provide sex to members of the imperial Japanese military before and during World War Ⅱ. Many of the women came from the Korean Peninsula.

慰安婦とは、第二次大戦前と戦中、日本帝国軍人に性行為を強制された女性たちの婉曲表現である。その多くは韓国人だった。

新聞がどれだけ問題を起こしたか」ということを我々は克明に証明してきましたし、外務省もそれを認めて何回も公の場で明言してきました。それらを承知の上で、なお、最後の弁論がこれとは！　なんという厚顔でしょうか。

釜山の日本総領事館前に慰安婦像が建てられた一件は、誰が見ても「日韓合意」違反、ウィーン条約違反の韓国がおかしいと思うでしょう。ところが、この件も含め、海外の慰安婦関連の報道のなかでは、必ず「性奴隷20万人、そのほとんどが韓国人」という記述が判を押したように繰り返されているのです。つまり、韓国がやっていることはおかしいが、それ以上に日本人はこんなにひどいことをしたんだと強調しているのです。その根拠の一つとして朝日新聞の英字紙があることは疑いようがありません。

たしかに朝日新聞は２０１４年に自社の「誤報」についてて謝罪しました。しかし、実は今も「誤報」を続けています。どこでか？　「英字紙で」です。日本人が英語が不得手であることを利用して、いまだに海外向けの英語の紙面では「誤報」をやり続けているのです。例えば、２０１６年12月31日の朝日新聞の英語版。釜山の慰安婦像の報道記事の中で、説明として「慰安婦とは、第二次大戦前と戦中、日本帝国軍人に性行為を強制された女性たちの婉曲表現である。その多くは韓国人だった。朝鮮半島は１９１０年から１９４５年まで日本の植民地だった」と書いています。日本語に直すと、性奴隷も強制連行も書いていないと朝日は開き直るのかもしれませんが、しかし、英語の原文を英語圏のネイティブ・スピーカーが読めば、「日本軍は、植民地の女性を強制連行して性奴隷にしていました」と理解してしまいます。先日も、テキサス親父ことトニー・マラーノ氏とケント・ギルバート氏がこれを読んでびっくりしたと言っていました。このように、朝日新聞は英字紙において現在進行形で意図的に「誤報」を垂れ流しているのです。

反日教育のツール

私共ＡＪＣＮ（Australia-Japan Community Network）の戦いによって、オーストラリアの

ストラスフィールド市で画策されていた慰安婦像は阻止され、事実上、慰安婦像は公用地には建てられなくなりました。今、挺対協（北朝鮮と関係が深い「挺身隊問題対策協議会」）が持ち込んだ慰安婦像が教会の裏の私用駐車場の片隅にぽつんと置かれています。あんな目立たないところにあっても、セレモニー一つできやしません。しかし、私共は、追撃の手を緩めることなく「もっとプライベートで公衆の目に触れないところに移しなさい」と豪州の人権委員会に提訴しています。なぜ我々はそこまでやるか。それは慰安婦像というものは必ず、反日教育のツールとして使われるからです。この重さを忘れてはいけません。子供たちをそこに連れてきて「これが本当の歴史だ」と教えこもうとするのです。

２０１３年にソウルの公園で、当時95歳の男性が38歳の男に杖を奪われて、その杖で殴り殺されるという悲惨な事件がありました。その老人は、ふと「日本の統治時代はそんなに悪くはなかったんだよねえ」と言った。それを聞いて激昂《げきこう》した38歳の男が殴り殺したのです。なぜそんなことが起きるのか。韓国では繰り返し反日教育が行われていて、当時の現実を知らない若い人たちが根深く洗脳されていっている、ということなのです。

もう一つ事例を挙げますと、韓国・世宗大学の朴裕河《パクユハ》教授の『帝国の慰安婦』の件があります。これは、韓国の若者が誤った認識によって日本に敵意を抱き、対日関係が悪化するのを阻止したい、という痛恨の思い、そういう良心で書かれた本です。といっても内容は決して日本を擁護するものではありません。ただ、学者として歴史の事実を追っただけなのに、彼女は検察から懲役３年を求刑されました（２０１７年１月無罪判決が出されたが、検察側が控訴）。あの国には言論の自由、学問の自由がないと考えざるを得ません。そういう隣国の現状があるということを我々はしっかりと認識しておかねばなりません。

これは邦人保護の問題だ

もうひとつ我々がしっかりと認識しておかなければならないことは、韓国以外の海外においても日本人を恨み、嫌悪し、とことん憎んでいく教育が何度も繰り返し強化されていっているという現実です。その象徴的な例を挙げましょう。アメリカのサンフランシスコの小学生たちがつくった「慰安婦強制連行」を劇にした動画がユーチューブに投稿されています（Claire Lilienthal School の６年生が制作した THE COMFORT WOMAN と題したこのビデオは、https://www.youtube.com/watch?v=uicdRsUoD6s から見ることができる）。

内容はというと、《韓国の少女たちが日本兵に誘拐され、頭を殴られ、あるいは、「工場で働く」と言われて知らないところに連れていかれて慰安婦にされた。逃げ出したけれども、日本兵に発見され、捕まった女の子は刺殺された。そして血がしたたり落ちた…》というものです。こういう代物が学校のコンテストに出品されているのです。

これで日本人子弟へのいじめや嫌がらせが起きないと思いますか？　マイケル・ヨン氏も言っていますが、慰安婦問題とは歴史上の事実を巡る争いや日本の名誉、英霊の名誉が汚されている等の問題にとどまらず、いまやそれらを超えて、繰り返し憎しみをつくる「憎しみ工場」の産物として、在外邦人、とくに子供たちに対する不当な差別やいじめなどの物理的被害の問題に焦点が移ってきているのです。これは歴史認識問題であると同時に、邦人保護の問題であるということを我々はよくよく認識しなければなりません。

誰かが日本の子供たちを守らなければいけない。だから我々ＡＪＣＮは止まることなく、今日も戦い続けているのです。

朝日新聞の記者や弁護士の方々は、もし自分の子供や孫たちが、この「憎しみ工場」の産物として何のいわれもない差別やいじめを受けたとしたら、どんな気持ちになるのでしょうか。そのことをよく胸に手を当てて考えていただきたい。これはイデオロギーの問題ではなくて、人間のモラルの問題なのではないか。人間として本当にそれでいいんですかと私は問いかけたい。

朝日新聞の在り方を見ていて、つくづく戦後というものはまだ終わっていないということ、そして、日本人が抱える心の闇の深さというものに、私は大変な疲労感、絶望感を覚えることがあります。しかしそれを跳ね返す営みをやめてはいけない。日本という国、英霊の名誉、そして日本の未来である子供たち、これらを守らなければならないのです。そのために我々は歩みを止めるわけにはいかないのです。

総領事、なぜ子女を助けてくれないのですか？

明星大学特別教授　髙橋　史朗

（初出　『ＷＩＬＬ』２０１６年11月号）

カリフォルニア州在住の日本人の子供を持つ親の有志の会が２０１６年９月２日、訪米中の中曽根弘文議員とロサンゼルスで面会し、同議員と安倍首相宛ての「反日プロパガンダが在米邦人子女に及ぼす悪影響についての嘆願書」を手渡した。面会で噴出したのは総領事館への次のような不信感であった。

「総領事の対応のまずさは邦人たちとの間に壁を作っている。これまで領事館にはいじめの報告をしてきた。総領事にもいじめられた親御さんがお会いして名乗りを上げられない状況も伝えていますが、領事館はいじめはない！　と発言されているので大きな問題となってしまったことを是非お伝えしたい」

以下、総理への嘆願書の内容を紹介しつつ、解説したい。

同嘆願書によれば、カリフォルニア在住の日本人が直面している「共通した深刻な問題」は、グレンデールの慰安婦少女像の設置をきっかけに急展開している。

反日戦争劇を見せられて

２０１４年、この親の有志の会から国会議員に手渡してほしいと依頼された数十頁に及ぶ「グレンデール慰安婦像問題と在米日本人の状況報告」には、在米邦人子女に対する人種差別的いじめ・嫌がらせ事例の概要報告や、彼らが公立学校の歴史の授業で直面している厳しい現実などが詳細に記されていたが、最近さらに状況が深刻化しているようである。

同嘆願書は次のように指摘する。

「米国では既に『20万人もの女性を性奴隷とした日本軍』という概念が、歴史の事実として独り歩きし始めています。現地の公立学校で歴史を学ぶ際、『残虐非道にアジアの女性たちを蹂躙《じゅうりん》し、性奴隷にした大日本帝国軍人』について学習します。わざわざグレンデールに足を運び、少女像の前で課外授業を行った学校もあります。最近では、公立中学校で韓国人劇団による戦争劇の公演が行われ、全校生徒の前で日本軍による異常なまでの残虐行為が演じられた、という日本人生徒や保護者にとっては非常にショッキングな出来事もありました」

この反日戦争劇を見せられた中学生の母親によれば、当初は戦争の悲惨さについての劇と判断して学校側は認可したが、実際には「日本軍による慰安婦強制連行」に関する劇で、幕が閉じた後で、「日本人として恥ずかしくないのか！」と日本人の生徒たちが糾弾《きゅうだん》されたという。

この反日戦争劇の公演は、南カリフォルニア州の多くの場所で行われ、この劇を見た中学生たちは、「主人公は実在の人物であり、戦争中に体験した事実は曲げられない」と受けとめているようである。

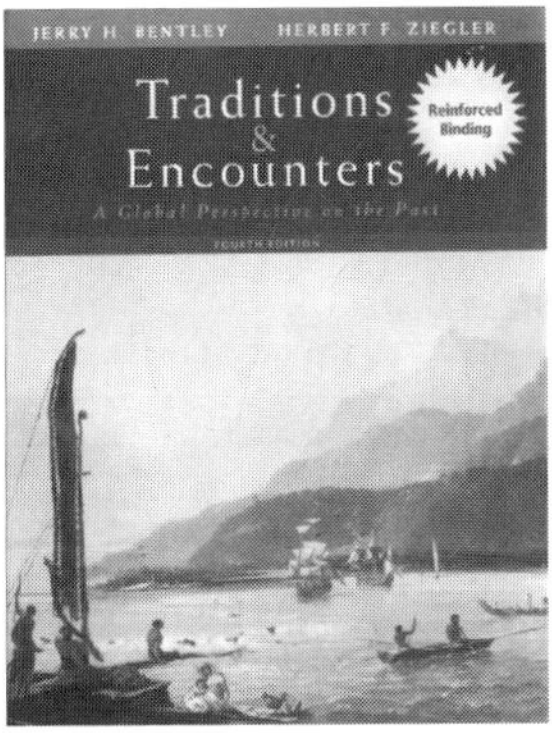

u resistance movements while others led rebel-
ntration camps or participated in ghetto upris-
sk to Krakow. The best-known uprising took
rsaw ghetto in the spring of 1943. Lacking ad-
ns, sixty thousand Jews who remained in the
d once held four hundred thousand rose against
rs. It took German security forces using tanks
sers three weeks to crush the uprising. Approxi-
lion Jews perished in the Holocaust.

d the War

extent to which British women mobilized for
mbassador to London noted. "This war, more
war in history, is a woman's war." A poster en-
S. women to join the WAVES (Women Ap-
Volunteer Emergency Service in the navy)
ought: "It's A Woman's War Too!" While hun-
nds of women in Great Britain and the United
the armed forces or entered war industries,
the world were affected by the war in a variety
nations, including Great Britain and the United
women from engaging in combat or carrying
oviet and Chinese women took up arms, as did
tance groups. In fact, women often excelled at
because they were women: they were less sus-
of occupying security forces and less subject to
forces did not discriminate, though, when
ews for transport and extermination. Jewish women and girls died
h men and boys.

Women's Roles

o joined military services or took jobs on factory assembly lines gained
e and confidence previously denied them, but so too did women who
act as heads of household in the absence of husbands killed or away at
as prisoners of war, or languishing in labor camps. Women's roles
g the war, often in dramatic ways, but those new roles were temporary.
women warriors and workers were expected to return home and assume
l roles as wives and mothers. In the meantime, though, women made
ir opportunities. In Britain, women served as noncombatant pilots,
e huge balloons and their tethering lines designed to snag Nazi aircraft
drove ambulances and transport vehicles, and labored in the fields to
uffs. More than 500,000 women joined British military services, and
350,000 women did the same in the United States.

Comfort Women

xperiences in war were not always ennobling or empowering. The
forcibly recruited, conscripted, and dragooned as many as two hun-
women age fourteen to twenty to serve in military brothels, called
s" or "consolation centers." The army presented the women to the
from the emperor, and the women came from Japanese colonies such
n, and Manchuria and from occupied territories in the Philippines and
utheast Asia. The majority of the women came from Korea and China.
l into this imperial prostitution service, the "comfort women" catered
nty and thirty men each day. Stationed in war zones, the women often

A WAVES recruitment poster proclaims "It's A Woman's War Too!"

▲アメリカで実際に使用されている教科書『伝統と遭遇』（マグロウヒル社）

◆アメリカの教科書に登場する「慰安婦」についての記述（一部抜粋）

戦争中の女性の経験は、必ずしも立派なものでもなければ、権利を与えられた立場にあったものでもなかった。日本軍は、14 歳から 20 歳までの**20 万人**もの女性を強制的に採用し、徴用し、高圧的に「売春宿」とか「慰安所」と呼ばれる軍の施設で奉仕させた。**軍はその女性を天皇からの贈り物であると言って部隊に提供した**。女性たちは、日本の占領地であった朝鮮、台湾、満州その他フィリピンや東南アジアの占領地域から連れてこられた。**朝鮮と中国の出身者が大多数を占めていた。**

一旦国家の売春サービスに強制されると「慰安婦」は1日 20 人から 30 人の兵士の要求に応じていた。戦闘地域に配置され、しばしば兵士と同様の危険に遭遇し、多くの女性が戦争の犠牲者になった。日本兵に殺された者もいた。特に逃走しようとしたり、性病にかかったりした場合である。戦争終結時に兵士は、**証拠を隠すために多くの女性を虐殺した**。慰安所設立を加速させた背景には、南京虐殺があった。南京では中国人女性の大量レイプが起こっていた。

この虐殺を避けようとして日本軍はさらに別の戦争の恐怖をもたらした。戦争を生き抜いた慰安婦たちは恥辱の思いを経験し、過去を隠したり、家族から見捨てられる悲劇に直面した。戦後、彼女たちは心安らかな平和な思いをすることはなかった。

こうした現状に対して、「在米日本人の子供たちに対する人種差別的いじめ・嫌がらせ事例の概要報告」（改訂版）は、次のように指摘している。

「はたして学校側が人種差別となりうる日系の生徒たちに対し、偏見や中傷から守るための説明や努力をしていたのか等の疑問が残る。中国系、韓国系の移民数は増加の一途を辿っており、カリフォルニア州教育省の歴史カリキュラム修正案を鑑みると、今後もこのような歴史認識に端を発する問題は全米各地の教育現場でより顕在化してくるのではと懸念する。これは邦人保護者たちが共有する大きな不安である」

さらに同嘆願書は、歴史教科書の現状について次のように指摘する。

「これらの流れは、昨年（２０１５）12月の日韓合意をきっかけによくなるどころか、ますます悪い方向に展開しています。その最たるものが、本年（２０１６）７月にカリフォルニア教育省によって改訂された教育ガイドライン（指針）で、今回初めて『慰安婦は戦前、戦中に領土を占領した日本軍によって性的サービスを強制された女性たちと描写される』

ことや、『慰安婦は制度化された性奴隷の実例として教えることができる』と記載されることが決定されてしまいました。改訂は5年後なので、少なくとも今後5年間は変更されません。教員たちはこの教育方針に沿って授業を行うため、その影響力はマグロウヒル出版の歪曲された歴史教科書をはるかに超えると思われます。この改訂に意義を唱え、決定直前まで多くの邦人が教育省に抗議メールを送ったり、総領事館に助けを求めたり、請願署名を集めたりして必死に訴えてまいりました。しかし、結果は焼け石に水で、全て無駄に終わりました」

終わらない「反日教育」

このマグロウヒル社の歴史教科書で学んだ親子も中曽根議員との面会に同席したが、南京虐殺について証言する年老いた元日本兵の古いビデオを見せる高校の授業が、教師が代わっても何年も続いているという。カリフォルニア州教育カリキュラムの改訂原案は、「慰安婦は、戦前及び戦時中、日本軍によってその支配する領域から連れ去られた性奴隷の婉曲表現である。慰安婦は、組織化された性奴隷の一例として、また、20世紀最大の人身取引の一例として数えることができる。慰安婦の総数は、様々な説があるが、日本の占領中、数十万人の女性がこのような状況を強いられたというのが最も有力である」というものであった。

この原案に対して1月から2月にパブリックコメントを募集したところ、夥《おびただ》しい数のコメントが寄せられた結果、「連れ去られた性奴隷」と「20世紀最大の人身取引の一例」という文言が削除された。そして、7月14日に州教育委員会が同改訂案を採用した際に、２０１５年12月の日韓合意に基づく日韓両国政府の取組みについても盛り込むことを決定し、同26日に日韓合意とそのリンク先について追加した最終案を決定した。安倍首相は日韓合意後の国会答弁でも「『性奴隷』といった事実はない」と明言しているにもかかわらず、最終的に「性奴隷」の表記が残っているため、日韓合意の記述が追加されたことで、日本政府が「性奴隷」を認めたという誤解が広がりかねない。

親の有志の会が強調しているのは、「日本人を守る立場の総領事館からのサポートが、全くなかったこと」で、「現地の邦人たちと連携を取ろうとされない総領事館に対する不信感が私たちの中に積もり始めています」と「声を大にして抗議」し、次のように嘆願書を締めくくっている。

「安倍首相には、早急に米国で広まってしまったこの捏造《ねつぞう》歴史を正して頂き、日本人の子供たちが祖国に対する誇りを持っていけるようお力をお貸し下さい。日本で暮らす方々には到底理解できないであろう日本人に対する嫌がらせが横行しているこの現状に目を向け、耳を傾けて下さい。祖国日本の姿を見つめながら子供たちは米国の地で育っています。これ以上日本を貶《おとし》める行為が続けば、アメリカ育ちの我が子たちが日本人であることに負い目を感じ、いやになってしまうのではないかと強い危機感を覚える次第です。どうぞ、手遅れにならないうちに十分な予算と有能な人材を投入して、私たち在米邦人が安心して米国の地で暮らし、子供たちを学校に通わせられるように、あらゆる知恵と手段を用いて事態を収拾して下さいますよう心からお願い申し上げます」

「なでしこ着物グループ」

この嘆願書に添えて、親の有志の会が日本政府の具体的なサポートを求めているのは、以下の三点である。第一に、留学支援制度を海外で育った日本人にも適用すること、第二に、海外で出産・子育てをする日本人を支援すること、第三に、日本文化のために尽力する日本人が活躍できるように支援することである。

この三点についてその背景を踏まえて解説しよう。近年アメリカの大学費用が高騰《こうとう》し、日本の大学への進学希望者が増えているが、海外で育った日本人には留学支援制度が適用されず、学費は個人負担になるので日本の大学を断念せざるを得ないのが現実である。アメリカの公立大学の学費は年間約360万円、私立大学は500万円以上で、それを親たちが4年間負担しなければならない。日本の留学支援制度を利用したいと問い合わせたところ、「日本国籍を離脱しなければこの制度は適用できない、外国籍保有者のみ！」との回答であったという。こうした現状と問題点を踏まえて、親の会は次のように主張している。

「やがて日本のために活躍するであろうことが期待できる日本人には留学支援制度が適用されず、他国の学生には学費・寮費、渡航費など高額な費用を日本が負担してまでなぜ外国人に尽くすのか、私たちには理解できません。留学支援制度の政策は、第一に海外で暮らす日本国籍保有者に適用されるべきです。日本国民の血税を使うべき人材を誤っている気がしてなりません。海外で生まれ育っても日本人としての誇りを持ち、恩義を忘れない日本人に育った学生のために費やす税金は、将来必ず日本にとって良い結果となって返ってくることと信じます」

次に、海外での出産、子育てについては、駐在員の配偶者として渡米した多くの方は出産や子育てに関する英語に不自由し、心細い日々を送っているのが現状である。特に出産前後は意思疎通が十分にできる日本人の助けが必要不可欠である。そこで、「産前産後の数か月だけでも支援し、多くの日本人母子を共に助けてほしい」と切望している。

最後に、海外での日本人の文化活動支援について、親の有志の会が特に要望しているのは成人式開催への資金援助である。数年前に渡米された日本人が、成人式をロサンゼルスに定着させるために「なでしこ着物グループ」を作り、成人式を実現した。しかし、資金的に継続が困難な状況に陥っているという。そこで、着物文化や成人式という日本文化の普及のために尽力する日本人が活躍できるように支援を求めているのである。

紛争のシンボル

ところで、私は２０１６年８月中旬からサンフランシスコ、ロサンゼルス、ニューヨーク、トロントを訪れ、抗日戦争記念館とカリフォルニア州教育カリキュラム改訂について調査するとともに、各地で４回講演した。

ロサンゼルスは４回目、ニューヨークは３回目、トロントは２回目の講演であったが、ニューヨークの主催団体「ひまわりＪＡＰＡＮ」は以前にニュージャージー州でお会いした女性グループが新たに結成した団体で、設立目的は次の通りである。

「日本人の子供たちが心から日本を愛し、日本人として胸を張って生きていけるよう、問題があれば学校に対しても、きちんとした英語の資料を提出して問題点を指摘したり、子供たちが屈辱的な思いをしないよう解決への善処を求める活動をしてまいります。今後皆様からの反日被害実態のレポートを、速やかに領事館、外務省、政府側にレポートし、関係団体と連携し、皆様と共に問題解決へ向かうようサポートしていくつもりです」

この女性グループの中心メンバーの一人であるグリーン・三枝子氏が、3月14日から2週間ニューヨークで開催された国連の女性の地位向上委員会の「紛争時の女性の人権」をテーマとするイベントでスピーチを行い、大きな反響を呼んだ。私も政府の男女共同参画会議議員をしている関係で同委員会の会議に3年連続して参加しているが、共同通信社の4月25日付「週報」は、このスピーチについて次のように報じている。

「いまや前（和解）へ進むべき時と呼びかけた上で、政府間で解決合意をみたにもかかわらず、慰安婦像を米国に建立する運動を続ける意味はあるのか、と韓国系団体に問いかけた。『米国の歴史と文化に何の関係もない所業だ』と。それは平和主義と民主主義に立つ戦後日本の名誉を傷つけるばかりか、慰安婦問題と関係のない日系米国人とその子らの安全を脅かし、続行されれば韓国系と日系人との間に一層の争いの種をまくと警告した」

全米各地に建立された慰安婦像はカナダのトロントにも広がり、8か国14団体がユネスコの「世界の記憶」遺産に共同申請した文書でも、その「社会的・精神的・地域的意義」

が強調されている。しかし、慰安婦像は世界各地で地域社会を分断し、地域住民の無用の混乱と軋轢《あつれき》をもたらしており、同申請書が強調している「平和のシンボル」ではなく、「紛争のシンボル」となっているのである（産経新聞2016年8月31日付「解答乱麻」参照）。

グリーン氏がスピーチを引き受けたきっかけは、ニュージャージー州に住む日本人児童が慰安婦問題で韓国系グループから頻繁にいじめられている話を聞いたことにあったが、当の児童の父母は脅迫を恐れて口を閉ざしてしまい、結局スピーチで取り上げることを断念したという。カリフォルニア州でも日本人児童生徒へのいじめ、嫌がらせ事件は、私が承知しているだけでも、小学校4件、中学校4件、高校7件、大学1件（全て公開されている）あるが、子供が在籍しているため被害の拡大を恐れて父母は口を閉ざしている、という全く同じ状況下にある。

新たに慰安婦像が設置されたカナダのトロントでも、ALPHA（アジアにおける第二次世界大戦の歴史を学び保存することを目的とする協会）の働きかけにより、オンタリオ高校の歴史と社会科のカリキュラムが改訂され、「南京虐殺」と「慰安婦」を新たに掲載した教師用教材とガイドが教師に提供された。また、全市の教師生徒のためのワークショップが組織され、国会議員や20人以上の教師を教育経費で毎年中国・韓国の研修ツアーに招待し、「南

2015年11月にトロントの韓国人会館で除幕式が行われた慰安婦像前で

京虐殺」と「慰安婦」を心に植え付けている。
この現状について前述した3月のニューヨークの国連のイベントでスピーチしたトロント在住日系人のシャロン・アイザック氏は、2013年にカナダのウィニペグに開館したカナダ人権博物館に手紙を書き、日本軍慰安婦を性奴隷と捉えることの不当性を訴えた。同年にフィリピンから日本軍慰安婦だったと名乗る女性と彼女のカウンセラーを招き、各地で講演会が行われ、1992年の朝日新聞報道が強調されたという。
シャロン氏のスピーチは次のようにしめくくられている。
「安倍首相は昨年（2015年）5月、アメリカの上下両院合同委員会で歴史的な演説をした。それは真に迫る善意の溢れる、涙を誘う心温まる演説で熱烈な喝采《かっさい》を受けた。私は、安倍政権が次世代に謝罪を繰り返さなければならないような重荷を負わせないと公約することを切望する。沈黙は黙認することである。安倍首相はアメリカ人に『希望のある同盟』に向けて手を差し伸べた。我々二国間に未だに存在する亀裂を埋める時ではないだろうか」

トロントに親元を離れて単身で留学している高校生からもカリフォルニアやニューヨークと全く同様の歴史教育やいじめ・嫌がらせの事例についてヒアリングした。

安倍首相にお願い致します

そのような実状を知らない国内外の日本人やマスコミ（東京新聞など）は、「本当にいじめがあるなら、何故訴えないのか。いじめがあるというのは『都市伝説に過ぎない』」などと嘯《うそぶ》いているが、このような心無い報道がどんなに当事者たちの心を傷つけていることか。

慰安婦碑が建立されているニュージャージー州パリセイズパーク及びその近郊に住む日

本人の父母たちは安倍首相宛てに以下のような嘆願書を作成している。

「ここニュージャージー州は、米国東海岸における日韓の歴史問題の主戦場となっています。……子供たちは、学校でマグロウヒル社の偏向教科書を使わされています。従軍慰安婦の嘘の歴史を授業中ずっと下を向いて、じっと耐えなければならない日本人の子供たちの気持ちを思うと、とても胸が痛くなります。日本人はこんな残虐なことをした人間の子孫なのだと言われ、この子供たちが一体将来どうやって日本人としての誇りを持って生きていけるでしょうか？　アメリカの現地校に通う日本人の子供たちや日本人留学生の中には、心無い言葉を浴びせられたり、韓国系の生徒から謝罪を求められたり、他にも私たち日本人の活動に対しての脅迫まがいの事や嫌がらせ、恐怖を身近に感じる事が日に日に増している現状です」

韓国で1992年から始まった水曜デモの活動資料が前述した「慰安婦」共同申請書にも含まれているが、ニュージャージー州でも一斉に行われており、「天皇はひざまずいて謝罪すべきだ」と韓国人が英語で訴えているのを見て、「私たち住民は酷いショックを受けた」という。

この嘆願書は次のように結ばれている。

「安倍首相にお願い致します。これから世界に向けて嘘は嘘であると証拠と共に明言して下さい。世界では日本人特有の玉虫色の表現、そして配慮はまったく通用しません。はっきりと言うべきことは言わねばならないのです。そして、それを海外にも理解できるような言葉で発信し続けるべきです。このままでは韓国の主張する嘘が固定化され、私たちがいかなる証拠を出し訴えたとしても、人々の心に刻み込まれてイメージを変えることは非常に難しくなります。日本に住む日本人が想像する以上に、中韓はアメリカで地道に何十年も反日活動をしています。歴史に刻むため、世界中で益々活発に工作活動を展開しているのです。日本人はどうか目覚めて下さい。今が最後のチャンスです。私たちは安倍首相に希望を託しています。これをやり遂げて下さるのは、安倍首相だけと信じています」

ロサンゼルスでの講演後、前回と同様一時間近く母親たちの質問攻めにあったが、22歳で日米の国籍の選択を迫られる日本人子弟が米国籍を選ぶ理由は、日本政府がきちんと事実に踏み込んだ反論をしないからだということを安倍総理に伝えて下さいますか、と詰め寄った母親の真剣な眼差しと大粒の涙を忘れることができない。このような海外在住の親子の切実な思いを肝に銘じて、今後も橋渡し役に徹したい。

朝日・グレンデール訴訟　原告の訴え

日本人の子供に公然と「いじめ」が行われている

在米助産師　永門　洋子

私は現在、アメリカのニュージャージー州で産婦人科を開業している助産師です。私が最初に慰安婦問題に気が付いたのは、2013年7月にカリフォルニア州グレンデール市に慰安婦像ができた時でした。

慰安婦問題の一番のポイントは、朝日新聞が「過去に日本軍が20万人以上の韓国人女性を組織的に強制連行し、性奴隷として酷使し、そのほとんどを殺した」という明らかな虚偽の冤罪を、日本人に着せていることです。

日本の子供たちが日本人としての誇りを持ち、日米両国の言葉、歴史、伝統、文化を理解し、世界に羽ばたく人材となり、幸せな人生を送ってくれることは、アメリカに住む私たち日本人の大きな願いです。しかしながら、朝日新聞が日本と日本人に対して惹き起こしたこの冤罪によって、今のアメリカで一体何が起こっているでしょう。

今、アメリカには合計9つの慰安婦像と慰安婦碑が建っています。その中の5つがニューヨーク州とニュージャージー州にあります。そしてこの2つの州の近郊の学校では、慰安婦問題に端を発した「いじめ」が、日本の子供に対して公然と行われています。

例えば、ある日本人高校生が通う高校ではマグロウヒル社の歴史教科書が使われています。この教科書には、「日本軍は慰安婦を天皇からの贈り物として軍隊に捧げた」などという虚偽の内容が記されています。そしてこの日本人の男子高校生は、「レイピスト（強姦魔）」と呼ばれ、唾をかけられ、一時引きこもりにまでなりました。他にも、泣いて謝るまで「謝れコール」が続いたり、バスケットボールの試合で韓国系アメリカ人のチームメイトからハイタッチを拒まれるということも聞きました。

私はこの話を男子高校生のお母さんか

ら聞き、アメリカに住む日本人として何かをしなければならないと思いました。そして朝日新聞が惹き起こしたこの冤罪を、アメリカに住む日本の皆様に広くお知らせすることに決めました。そこで２０１５年4月から全米36都市を網羅する無料の日系新聞に、慰安婦像設置に反対する署名運動等の意見広告を1年間にわたり出しました。

その結果、新聞広告を見たという在米韓国人から「ボコボコにしてやる」というような脅迫状が届きました。韓国系アメリカ人が多く住む地域で、圧倒的少数派の日本人が慰安婦問題で戦っていく大変さと、それに伴う危険を、ぜひ皆様にもわかっていただきたいと思います。

アメリカ各地に増え続ける「慰安婦」の像および碑

▲ニュージャージー州ハッケンサック（2013年3月建立）

《碑文》
第2次世界大戦中そしてそれ以前から日本帝国軍によって性奴隷状態になることを強いられた韓国・中国・台湾・フィリピン・オランダ・インドネシアの何百何千もの婦女子を記念して。

▲カリフォルニア州グレンデール市（2013年7月建立）

《碑文》
「私は日本軍の性奴隷だった」
掻き乱された髪は日本帝国軍によって家から強引に連れ去られている少女を象徴している。握りこぶしは、正義の回復のための堅い決意を表している。裸足でかかとのついていない足は、冷たく無理解な世界によって、見捨てられていることを表している。
少女の肩に止まった鳥は、私たちと亡くなった犠牲者との絆を象徴している。空いている椅子は、正論をいまだ証言していない高齢で死を迎えている生存者を象徴している。少女の影はその少女と年老いたお婆さんで、無言のまま費やされた時間の経過を象徴している。影の中の蝶は犠牲者がある日彼らの謝罪を受け取って甦るかもしれないことを表現している。

第3章

朝日新聞の誤報から始まった「慰安婦」の嘘

○日本人が知らない
朝日新聞の「慰安婦」海外向け報道の実態
山岡　鉄秀（AJCN代表）

○米政府報告書が語る「慰安婦問題」の嘘
マイケル・ヨン（ジャーナリスト）

日本人が知らない朝日新聞の「慰安婦」海外向け報道の実態

ＡＪＣＮ代表
公益財団法人モラロジー研究所研究員
山岡　鉄秀

（本稿は、朝日・グレンデール訴訟第３回口頭弁論報告集会（平成28年３月15日）並びに第５回報告集会（７月14日）での提言をまとめたものです。）

朝日新聞英語版にのみ繰り返し登場するおきまりのフレーズ

日本人が気付いていない朝日新聞の慰安婦海外向け報道の実態について述べます。

私は慰安婦問題をめぐり、朝日の虚偽報道を過去の段階で捉えて、どんなひどい影響があったか、そして誤報を訂正して謝罪してほしいという、過去の一点を捉えた立論になっ

《英語版にだけ必ず使われるフレーズ　その１》

comfort women, who were forced to provide sex to Japanese soldiers before and during World War Ⅱ.

第二次大戦前、および大戦中に、日本兵にセックスの供与を強制された慰安婦

ていることに、非常に不満を持っておりました。

なぜならば、これは過去に終わった問題ではないからです。今現在も進行していて、そのことに多くの日本人が気付いていていないということを訴えさせていただきたいと思っています。英語の世界だけで展開されているため、一般の日本人はなかなか気付きません。これはあくまでも海外向けにおこなっている「印象操作」だということを申し上げたいのです。

２０１５年末の日韓合意を踏まえて、朝日がどういう報道をしているのか、日本語と英語を比較して検証してみました。そうしますとまず真っ先に、同じ記事なのに英語版の方が長いということに気付きます。さらに、我々が見つけたのは英語版にだけ必ず使われる同一のフレーズがあるということです。

〈comfort women, who were forced to provide sex to Japanese soldiers before and during World War Ⅱ.〉

《英語版にだけ必ず使われるフレーズ　その2》

Comfort women is euphemism for women who were forced to provide sex to Imperial Japanese troops before and during the war. Many of the women came from the Korean Peninsula.

慰安婦とは戦前および戦中に日本軍部隊にセックスの供与を強制された女性たちの婉曲表現である。女性たちの多くは朝鮮半島出身であった。

「慰安婦」(comfort women) を関係代名詞で受けて、「第二次大戦前および大戦中に日本兵にセックスの供与を強制された」と続けています。ここでいう「供与」はprovide の訳語ですが、英語話者が普通に読めば性行為を強要された、という意味になります。

これが必ず出てくるお決まりのフレーズナンバー1です。

もう一つは少し長くなります。

〈cofort women is euphemism for women who were forced to provide sex to Imperial Japanese troops before and during the war. Many of the women came from the Korean Peninsula.〉

「慰安婦とは戦前および戦中に日本軍部隊にセックスの供与を強制された女性たちの婉曲表現である。女性たちの多くは朝鮮半島出身であった」

このセンテンスは、完全な定型のものとして何回も出てきます。「force」という単語、これは物理的な「強制」というニュアンスを含みます。さらに「from」と使っていることも問題です。単純に「women were Koreans」といえば良いものを、「from」を使うことで朝鮮半島から連れてきたというニュアンスが出てしまいます。英語で自然に読めば、朝鮮半島から強制的に連れてきたということになります。

「Comfort women」と来たら、「who」で受けて、「forced to provide sex」と続ける。もちろん全く日本語の記事には出てきません。

さらに朝鮮半島は植民地だったと表現しています。併合は日本の一部としたという意味ですから、西洋的な「colony」とは違うわけですが、「under Japanese colonial rule」とはっきり書いています。日本の植民地から連れてこられたというニュアンスがここでまた出てくるわけです。

判で押した様な「強制的セックス」という表現

※平成28年朝日新聞英字版より

（1月2日）comfort women,who were **forced to provide sex to** Japanese soldiers before and during World War Ⅱ
第二次大戦前、および戦時中に、日本兵に**セックスの供与を強制された**慰安婦

（1月3日）comfort women,a euphemism for women who were **forced to provide sex** to Japanese troops before and during World War Ⅱ
第二次大戦前、および大戦中に、日本軍部隊に**セックスの供与を強制された**女性の婉曲表現である慰安婦

（1月6日）comfort women is euphemism for women who were **forced to provide sex** to Imperial Japanese troops before and during the war.**Many of the women came from the Korean Peninsula.**
慰安婦とは、戦前および戦中に日本軍部隊に**セックスの供与を強制された**女性たちの婉曲表現である。**女性たちの多くは朝鮮半島出身であった。**

（1月27日）comfort women,as they are euphemistically called,were **foreced to provide sex** for Japanese soldiers before and during World War Ⅱ **.Many of them were from the Korean Peninsula,**which was under Japanese colonial rule until the end of the war
婉曲的な呼び名である慰安婦は、第二次大戦前および大戦中に日本兵のために**セックスの供与を強制された。その多くは、1910年から1945年まで日本の植民地だった朝鮮半島出身だった。**

朝日の情報発信の成果が海外メディアにも派生

ここでより具体的な記事を見て参りましょう。

○タイトル「大統領府が談話、世論鎮静化図る　日韓合意受け二度目」（2016年1月1日）

日本語版の方を見ますと、「大統領府は（大使館前の）少女像に関しては、移転を事前に約束したとの『合意は無い』と明確に否定した」となっています。

しかし、英語版の方を日本語に訳してみますと、「大統領府は、第二次大戦前および大戦中に日本帝国軍人にセックスの供与を強制された慰安婦を象徴するために建てられた像の移転を約束したとの『合意は無い』と語った」となり、例のセンテンスが挿入されていることがわかります。

○タイトル「強制連行は確認できず」政府、国連委に答弁書　慰安婦問題（２０１６年２月２日）

これは杉山外務審議官（当時）が国連に行く前に、日本政府としてどのようなことを言うかについて報じた記事です。日本語版の方では「慰安婦強制連行の虚偽は日本政府がありとあらゆる資料に当たって出した結論である」と述べていますが、英語版の方を見るとそのパラグラフの後に、突然先ほどの文章が挿入されているのです。

「慰安婦とは第二次大戦前および大戦中のために日本軍部隊にセックスの供与を強制された女性たちを意味する。その多くは、１９１０年から１９４５年まで日本の植民地だった朝鮮半島出身であった」

杉山審議官の発言趣旨を真っ向から否定するセンテンスを、文脈を無視して、文字通りスタンプを押すように英語版にだけ挿入しているのです。客観的に報じているようなふりをして、日本政府の方針を真っ向から否定するという構造になっているのです。

○タイトル「慰安婦日韓合意の反対者らが集会」（２０１６年２月８日）

日本語版には、「西岡力氏は『安全保障や日本の名誉にかかわることは足して二で割るようなことは成り立たない。国連、国際社会で相互批判を控えるとしたことは未来に禍根を残す』と主張した」とあります。ところが英語版の方を見ますと、西岡氏の発言の前に、突然次の文を挿入しています。

「慰安婦とは、第二次大戦前および大戦中のために日本軍部隊にセックスの供与を強制された女性たちの婉曲表現である。その多くは、1910年から1945年まで日本の植民地だった朝鮮半島出身であった」

なぜこうなるのでしょうか。西岡先生といえば、慰安婦問題の第一人者として早い時期から、この論争の中心的役割を果たしてこられた方です。つまり、慰安婦強制連行説を一貫して実証的に否定されてこられたわけです。しかしその方の主張を全く無視し、あたかもそれを否定するようなセンテンスを挿入する、文章として何の脈略もないわけです。

実はこのセンテンスは、オーストラリアの通信社AAPが配信する記事にも出てきます。

〈Historians say tens of thousands of women from around Asia,many of them Koreans,were sent to front-line military brothers to provide sex to Japanese soldiers.〉

「歴史家はアジアの、多くは韓国人の何万人もの女性が日本兵にセックスを供与するために前線の軍用娼館に送られたと言う」

朝日が英語版で繰り返し情報を発信したことにより、海外メディアがコピーするようになってしまいました。朝日にとってそれが目的だったとしか私には思えません。

「慰安婦は強制連行された性奴隷」と印象操作する朝日新聞

2014年9月11日記者会見で、朝日新聞の杉浦取締役は次のように述べています。「強制連行は、そういった事実はないと認めた。しかしいわゆる慰安婦は、自らの意思に反した形で、日本軍兵士の性の相手をさせられたという広い意味での強制性はあった」

広い意味での強制性とは何でしょうか。1997年の段階で朝日新聞は、「悪い業者に騙されて慰安所で働かされたり、慰安所にとどまることを物理的、心理的に強いられていた場合」と言っています。

しかし、「forced to provide sex」という表現を英語話者がパッと読んで、「これは広義の強制性のことだよね。彼女たちはやめたいときにやめられなかったんだろうな。心理的な圧迫があったんだろうな。悪い業者に騙されたんだろうな」と果たして思うでしょうか。そんな人は世界中に誰一人いないと思います。この表現は極めて直截《ちょくさい》で、物理的な強制性を連想せざるを得ないわけです。

ここまで聞いて、「朝日は強制売春のキャンペーンをやっている」と思われる方はいらっしゃいますか（数人が手を挙げる）。

もしそうお思いの方は、あまりにもお人好しすぎると思います。

なぜならば、もし強制売春だったということを言いたいのであれば、「prostitution」（売春）、「brothel」（娼館）という言葉が出てくるはずだからです。しかし、そうした言葉は一切使っていません。「Women who were forced to provide sex」―すなわち「性行為を強制された」としか言っていません。「対価なしにsexを強制される存在」、これは性奴隷を意味するのではないでしょうか。朝日おきまりのセンテンスは、慰安婦が性奴隷であったことをほのめかしていると英語話者に解釈されても全く不自然ではありません。

これまでの話をまとめますと、「朝日は『性奴隷』という言葉の使用は避けながら、『慰安婦は強制連行された性奴隷』という印象操作を英語で行っている」ということが言えます。

２０１４年８月28日に朝日新聞木村元社長が社員全員宛てに「揺るがぬ決意で」というメールを送ったと伝えられています。

「私は2年前に社長に就任した折から若い世代の記者が臆することなく慰安婦問題を報道し続け、読者や販売店ＡＳＡの皆さんの間にくすぶる漠然とした不安を取り除くためにも、本社の過去の慰安婦報道にひとつの『けじめ』をつけたうえで、反転攻勢に打って出る態勢を整えるべきだと思っていました」

そして本訴訟において、朝日新聞弁護団の方々は次のように反論してきました。

「女子挺身隊が慰安婦として動員されたとの印象を与えたとしても、70年以上も前の事実であり、これによって現在の日本人の社会的評価が低下するとはいえない」

たしかに過去に誤った報道をした。しかしそれは昔の話であって、そのことによって今日の日本人の名誉が貶められているということにはならないでしょう、と言うわけです。しかしながら、世界中のメディアにこれまで紹介したような記事を発信すれば、今現在の日本人の名誉が貶められるのは当然ではないでしょうか。

朝日は反省などしていない

ここで、２０１６年6月5日朝日新聞デジタルの社説を紹介します。

「慰安婦問題　合意の意義かみしめて」というタイトルです。趣旨を簡単に述べますと、次のようなものです。

・大使館前の慰安婦像撤去に固執せず、10億円を払え
・日中韓の反日団体によるユネスコ慰安婦申請を日本政府は妨害するな
・慰安婦が存在したことは事実だ
・日韓両政府は合意の意義をかみしめて履行の努力を強化せよ

この記事に関する日本語版と英語版を比べてみると、もちろんお決まりのセンテンスが挿入されております。

「慰安婦とは第二次大戦前と戦中、日本帝国軍人に性行為の供与を強要された女性たちの婉曲的表現である」

これに対して朝日新聞は次のように反論しています。

「forced to provide sex to soldiers と挿入するのは読者の理解を深めるための説明を加えただけ」

しかし、これでは全然こちらの指摘に答えることができていないのではないでしょうか。「なぜ英文記事だけに説明を加えるのか？」「杉山外務審議官の国連における『強制連行、

性奴隷』否定発言を報道する記事において、全く相反する慰安婦の記述を加えるのは意味をなしていない」――コンテクストを無視して機械的に挿入するのは報道ではありません。プロパガンダといわれても仕方がないのではないでしょうか。

さらなる朝日の反論です。

「英文で『慰安婦とは日本軍が女性狩りをして性奴隷にしたもの』という表現の発信はしていない」

果たして本当にそうだったでしょうか。朝日新聞は自らの過去の報道を忘れてしまったのでしょうか。

続いて、朝日イブニングニュース1992年8月31日付の記事です。

○タイトル「性奴隷拉致犯人許しを請う（Sex Slave Abductor Begs Pardon）」

内容は以下の通りです。

・韓国人女性を拉致して前線の娼館で働かせたことを公に認めた日本人の男が、水曜日に韓国の首都ソウルで開かれた戦没者追悼式で自らの戦争犯罪について謝罪した。吉田清治（78）は日本政府が「慰安婦」と呼んだ元性奴隷の女性たちの前で「生きている限り、日本政府に賠償させる努力を続ける」と語った。
・「この女性たち以上に不幸な人々はいない。これ以上の人権侵害はない」。娼館で強制的に働かされた韓国人女性の手を取って吉田は言う。「土下座して謝りたい」
・ここ数か月、吉田はテレビやインタビューで、1943年から1945年の間、軍事警察を率いて韓国郊外で韓国人男女を駆りだしたと証言した。誘拐された女性のうち、約1000人が軍隊用の娼館で働くことを強いられたと吉田は語った。

朝日は、「英文で『慰安婦とは日本軍が女性狩りをして性奴隷にしたもの』という表現の発信はしていない」と反論しました。しかし、朝日の記事の中で性奴隷誘拐犯（sex slave abductor）という言葉を使っているわけです。これは文字通り、女性を誘拐して性奴隷にしましたという内容そのものではないですか。

次の朝日の反論です。

「forced to provide sex とは書いたが、「性奴隷」（sex slaves）とは書いていない」

日本の受験英語は相当問題があります。forced to provide sex とは書いたが、「性奴隷」（sex slaves）とは書いていない、と主張するのは、「他人のものを盗んだ」とは書いたが、「泥棒」とは書いていない、と抗弁するのに等しい。読んだ人がどう解釈するかということが大事なわけです。朝日はすでに吉田清治の謝罪行為を報じる記事で sex slaves という言葉を使っているのだから、一連の報道の中で、慰安婦＝強制連行＝性奴隷という図式が成り立ってしまっているのは明らかです。

また、朝日はこうも反論します。

「forced to provide sex との記述は、性的行為を強いられたとするもので、慰安婦が朝鮮半島から強制連行されたとするものではない」

しかし、「forced to provide sex」という記述の直後に、慰安婦の多くは日本の植民地であった朝鮮半島からだった、と続けば、当然読んだ人は文脈的に朝鮮半島から強制的に連れて来られた、という印象を受けます。

さらに、朝日イブニングニュース１９９２年１月13日の記事です。

社説「歴史から目をそむけまい」というタイトルです。

・日中戦争、そして第二次大戦中、韓国人女性は兵士相手の売春を強制された。ボランティア部隊を装いながら、実際には軍の方針に従って、中国やアジア太平洋全域に赴くように誘導されたり、強制的に移送されたりしたことは一般的に知られている。

・日本の植民地政策下で、無数の韓国人男性が強制労働や徴兵に駆り出され、無数の韓国人女性が売春を強制された事実は変わらない。これは太古の歴史ではない。たった50年前の日本で行われたことなのだ。我々にはこの最近の歴史の重荷を背負う義務がある。

非常に格調高い文章です。しかし、この中に韓国人女性を強制的に連れて行った、売春を強制されたと書いています。

責任逃れを続ける朝日新聞

そしてさらには日本政府に責任を転嫁しようとします。曰く、

「(日本政府の肝いりで作られた)アジア女性基金もforced to provide sexという表現を使っていた。だから、正しい表現だ」

アジア女性基金のホームページを覗くと、たしかに似たような表現が出てきます。

〈forced to provide sexual services〉

これは強制売春を想起させる表現です。サービスは通常有料ということを意味します。

それに対して朝日新聞は、

〈forced to provide sex〉

これは強制連行を想起させます。また、対価が無かった印象を与えます。

アジア女性基金の中でこのような表現を使うのは確かに迂闊《うかつ》だと思います。アジア女性基金のウェブサイトの作り方はきちんと見直さなければいけません。

朝日は１９９７年には「広義の強制」「狭義の強制」という独自の定義を提示しています。

しかしながら、英文での記述の仕方は、明らかに「狭義の強制」を想起させる表現であり、これを使用することは朝日新聞の定義と矛盾しています。

また、「朝鮮や台湾では強制連行はなかった」という認識、さらには、「93年以降、強制連行という言葉をなるべく使わないようにしてきた」との主張とも矛盾しています。

みずから定義して主張するのであれば、「forced to provide sex」という表現を使うべきではありません。これは狭義の強制を想起させますし、当然強制連行を想起させるわけです。

そして更なる言い訳があります。

「韓国ではもともと慰安婦と挺身隊を混同していた」

つまり、自分たちだけが間違っていたわけではないということを言っています。そして「1960年代前半までには、慰安婦＝挺身隊という認識が一般化していた」という反論をするわけです。

仮に戦時中から慰安婦と挺身隊の混同が存在し、1960年代前半までに一般化していたとしても、1965年の日韓基本条約締結時にはまったく問題視されませんでした。また、朝日が1992年の宮澤首相訪韓直前にキャンペーンを始めるまでは、まったく問題になっていなかったのだから、朝日の報道が大きなトリガーになったことは疑う余地がありません。

そしてさらに朝日は、これが決定版という証拠を出してきます。

「1992年7月の韓国政府中間報告でも慰安婦と挺身隊の混用を認めていた（だから混用したのは朝日だけではない）」

中間報告にはこうあります。

「わが国内では勤労挺身隊と軍隊慰安婦が混用されており、一般的に挺身隊と通称しているが、勤労挺身隊と軍隊慰安婦は概念を区別する必要がある」

しかし、韓国がなぜこんな調査をしているかといえば、そもそも朝日が広めたからではなかったでしょうか。

韓国政府の発表は、少なくとも１９９２年７月の段階で、韓国政府も挺身隊と慰安婦は別物であることを認識していたことの証左に他なりません。朝日はなぜ、その混用を２０１４年まで放置したのでしょうか？

韓国政府が公式に混用を認めた時点で訂正せずに22年間も放置する合理的根拠があるのでしょうか？

朝日新聞は英語によるプロパガンダを即刻中止せよ

ここまで、朝日の反論を見てきましたが、全く反論になっていないのではないでしょうか。そんな暇があれば、すぐに撤回してほしい記事があります。

それは、小学生が日本軍の慰安婦にされたという記事です。１９９２年１月16日の朝日イブニングニュースです。

○Korean Primary School Girls Allegedly Used as Sex Slaves for Japanese Soldiers
（韓国の女子小学生が日本兵の性奴隷にされたとの告発）

「ソウル南部のヨンヒー小学校の校長であるアンジュンボクは、学校で保存されている記録によれば、多くの10代初めの生徒が挺身隊に召集され、前線の兵士に慰安婦として供されたと言う」

これは完全な誤報です。当時の日本人教師が自分たちの教え子を工場に送った。その消息を辿って心配して韓国に訪ねてきた。そして再会することができたという話だったわけですが、そこから話が飛躍して日本軍は小学生を前線に送って慰安婦にしたということになってしまい、これを朝日は英語で発信しているわけです。

1992年1月20日朝日イブニングニュースです。

○**タイトル　韓国が慰安婦問題で賠償請求か**

・韓国の外相は宮澤首相がソウルを離れたほんの数時間後、第二次大戦中、日本軍相手の売春を強要された何万人もの韓国人女性に対する賠償を要求する可能性があると述べた。

・今週公にされた書類によれば、11歳と12歳の小学生が日本に徴用されたことがわかっている。日本の少女たちは兵士のための調理や洗濯をするために徴用されたと述べているが、新たに明らかになっている証拠は異なる事実を示唆している。

・Growing evidence indlicate otherwise ＝少女たちが慰安婦にされていたという示唆

これは果たして、慰安婦と挺身隊を混同したといったレベルの話でしょうか。意図的に世界に対して、「日本軍が子供たちをだまして連れ出した、慰みものとしてもてあそんだ」と発信しているのではありませんか。混用などというレベルではないのです。

朝日新聞には、過去の英文記事を全部撤回し、次のことを認めさせる必要があります。

・奴隷狩りのような強制連行はなかった

・性奴隷のような扱いはなかった

・小学生慰安婦は存在しなかった

朝日が今もひそかに続けているプロパガンダによって、今この瞬間も日本と日本人の名誉は傷つけられているのです。そしてそのことにほとんどの日本人は気付いておりません。

私自身は朝日しか読まないという家庭で育ち、幼少時は朝日小学生新聞を購読しておりました。ですから、今回の一連の活動に関わり、こういった調査をして大変悲しい気持ちでいます。

皆さん、これはイデオロギーの問題ですか。私はそうではないと思います。これは日本人の倫理、道徳に関わる問題ではないでしょうか。国民が国民の意思としてこういうことはやめなさいと朝日に言わなくてはなりません。私たち一人一人、日本国民の問題であると強く訴えたいと思います。

米政府報告書が語る「慰安婦問題」の嘘

ジャーナリスト　マイケル・ヨン

（初出　『日本の息吹』平成27年4月号）

黒幕は中国

――アメリカ人のヨンさんが、「慰安婦問題」に興味をもったきっかけは？

ヨン　はじめはまるで関心がありませんでした。このことについて研究していた友人が私に伝えてくれたときにも、「70年も前のことを今、問題にしてどうするんだ？」というのが私の正直な感想でした。それ以上に重大な問題は現在たくさんあるじゃないか、と思ったのです。

しかし、全体の構図が示されたときに、これは重要なポイントをはらんだ問題だと気付きました。この問題に関心を持つ人たちのレベルはさまざまです。一番低いレベルは、レイシズム（人種差別）です。次に政治的野望で動いている人たちもいます。対日非難の米下院決議を推進したマイク・ホンダ議員はその典型です（※註1）。韓国系、中国系の住民は彼の票田です。韓国の朴槿恵《パククネ》大統領も国内政治向けという側面が強いでしょう。しかし、私は、レイシズムやお金や政治的権益などというレベルでこの問題に関心を抱いているのではありません。

私がこの問題に興味を抱いているのは地政学的な関心からです。私を突き動かしているのは、この問題の背後に中国が存在していることです。後で触れますが、ＩＷＧのリサーチには中国系の抗日連合会が深く関与しています。

「慰安婦問題」が広がることで最も利益を得るのは中国です。中国は、この問題で韓国を

（※註1）米下院決議121号…2007年夏、カリフォルニア州選出のマイク・ホンダ下院議員が提出。「慰安婦の人権擁護」として慰安婦問題に関する対日非難決議が決議された。

利用することによって、日米、日豪、日韓関係を引き裂き、日本国内にも亀裂を生じさせ、日本を弱体化することを目的としています。たとえて言えば、手と手袋の関係です。見た目には手袋（韓国）が動いているように見えますが、実際に手袋を動かして利を得ているのは手（中国）なのです。中国の動きこそ核心なのです。

私が看過できないのは、この問題を安全保障の問題であると見做《みな》しているからです。それは日本のみならず、アメリカ、オーストラリア、韓国、そしてその他のアジアの国々の安全保障に対する脅威につながると思うからです。

ここで私の最大の関心事であるアジアの安全保障のことについて少し敷衍《ふえん》しますと、日本は憲法を改正して防衛力を高めることに全力を注ぐべきだと思います。元軍人としての私の分析では、中国のアジア、そして日本に対する侵略がほどなく始まることは目に見えています。いえ、すでに始まっているのです。日本はこの戦いに備える必要があります。今から準備してもその態勢整備には10年はかかるでしょう。議論している場合ではありません。急いで着手すべきです。

憲法改正、とくに9条の改正には、国内はもとより、外国からの政治的圧力も相当なものがあるでしょうし、ことに中国は何がなんでも9条改正を阻止するため、圧力をかけてくるでしょう。９条が存在している限り、日本は自国の安全保障に決定的な弱点を持つこととなり、日本弱体化を目論む勢力にとって、９条の固定化は必須なのです。しかし、日本が自国の安全を図るためにはこの問題は避けて通ることはできません。

このように俯瞰《ふかん》してみると、「慰安婦問題」を始めとする歴史問題は、日本の安全保障の問題であり、ひいてはアメリカの安全保障にもつながっているのです。ここにアメリカ人である私がこの問題に関心を持つ理由があるのです。

「日本は無罪」を証明したＩＷＧ報告書

――ＩＷＧ報告書について、改めて説明いただけますか。

ヨン ナチスドイツと日本帝国政府の戦争犯罪について、米国政府が30億円以上の巨費を投じ7年の歳月を掛けて調査し、その結果が２００７年に最終報告書として米議会に提出されました。そのなかで、日本に関わる件に関して、韓国が主張するような「慰安婦問題」を証明する証拠は何一つ発見されなかったのです。

――そんな画期的な報告書が８年近くも埋もれていたのは？

ヨン　当時から今に至るまで米国立公文書館で公開されているわけですから、もっと注目されてしかるべきだったと思うのですが、なぜか、私も含めてほとんどの人はその存在すら知らなかったのです。そこには、この報告書の結果が都合が悪いと考える人たちの意図があったとも推測できます。

ＩＷＧの調査の過程自体が、その結果としての報告書の内容と同じくらい興味深いものです。本来はドイツを主な対象としていたのが、後から日本も含まれるようになり、その過程において、在米の中国系の「抗日連合会」が深く関与しているからです。

ＩＷＧ報告書の序文でＩＷＧ委員長代行のスティーブン・ガーフィンケル氏は、慰安婦問題で戦争犯罪の証拠を発見できなかったことを「失望」と表明。調査を促した在米中国系組織「世界抗日戦争史実維護連合会（抗日連合会）」の名をあげ「こうした結果になったことは残念だ」と記しています。

――　なるほど、そもそもＩＷＧ調査の動機自体に中国系の抗日団体からの要請があったということなんですね。

ヨン　そうです。莫大な資金と人材を投入したにも拘わらず、結果は、抗日連合会に謝ることだけだったのか、と皮肉を言いたくもなります。しかし、このことは中国がいかに米

National Archives

Archivist of the United States — Washington, DC 20408

April 2007

I am pleased to present to Congress, the Administration, and the American people the Final Report of the Nazi War Crimes and Japanese Imperial Government Records Interagency Working Group (IWG).

The IWG has now successfully completed the work mandated by the Nazi War Crimes Disclosure Act (P.L. 105-246) and the Japanese Imperial Government Disclosure Act (P.L. 106-567). Over 8.5 million pages of records related to Japanese and Nazi war crimes have been identified among Federal Government records and opened to the public, including certain types of records never before released, such as CIA operational files. The groundbreaking release of these records in no way threatens the nation's security. Rather, it has enhanced public confidence in government transparency.

In order to avoid further delay of the release of this report, members of the IWG did not seek unanimous agreement on a single "official" version of their declassification effort. Instead, this report presents the larger issues that arose while affording participants an opportunity to present personal or institutional perspectives on issues important to them and to those whom they represent. These appear in a separate chapter at the end of the report.

It is my sincere hope that this report will produce in Congress, the Administration, and the public a greater appreciation of the enormous human and financial resources required to declassify important U.S. Government records and make them publicly available in a timely manner. Moreover, I have no doubt that in the years ahead these records—and this report—will be used to the fullest capacity by researchers throughout the world.

ALLEN WEINSTEIN
Archivist of the United States

◆**ＩＷＧ報告書**…米国が2000年頃から2007年4月まで7年かけてまとめた「ナチス戦争犯罪と日本帝国政府の記録の各省庁作業班（ＩＷＧ=Nazi War Crimes & Japanese Imperial Government Records Intergency Working Group)」によるアメリカ議会あての最終報告書。国防総省、国務省、中央情報局（ＣＩＡ)、連邦捜査局（ＦＢＩ）などの未公開の公式文書を点検したもので調査対象の文書は計850万ページに及ぶ。そのうち約14万ページが日本の戦争犯罪に関わる文書だったが、「慰安婦」に関する戦争犯罪や「女性の組織的奴隷化」の主張を裏づける文書は発見されなかった。報告書の原文（英文）はwww.archices.gov/iwg/reports/final-reports-2007.pdfで見ることができる。

国内で大きな影響力をもっているか、ということを示すものであり、私はそのことに強い衝撃を受けました。一般に、アメリカでは中国の言うことは信用できないと思っている人が多いのに、こと、「慰安婦」や「南京大虐殺」のことになると、中国の主張をそのまま信じてしまう。中国の情報操作のうまさですね。

つまり、「慰安婦問題」は、普遍的な人権問題などではなく、仕掛けられた政治問題なのです。

ここで心理学的な観点から、日本の皆さんに助言したいことがあります。日本人は自分たちが謝りさえすれば、中国人や韓国人はもう騒がなくなるだろう、と思いがちですが、それは間違いです。いくら謝罪しても彼らが許すということはない、ということを認識すべきです。政治的思惑が絡んでいればなおさらそうです。だから、日本は決して謝ってはなりません。この報告書が示したように、「日本は無罪」なのですから、堂々と反論していけばいいのです。

常識が否定する「20万人性奴隷」

――ＩＷＧ報告書を読んで、「慰安婦問題」についての見方は変わりましたか？

ヨン　読む前から、私の見方はある程度固まっていましたが、読んだ後は、それが確信となりました。というのは、常識で考えて「慰安婦問題」はあり得ないと思っていたからです。

20万人の女性を拉致したという「事件」に対して、その目撃者が数十人しかいなくて、しかも何十年も経ってから現れる、というのはあまりにも不自然です。それほど大規模に拉致していったのであれば、女性たちの家族をはじめ、何十万、あるいは何百万人の目撃証人がいるはずです。たとえば済州島では２００人を拉致したというのですが、ココナッツの実が地上に落ちたという些細《ささい》なことでもすぐに島民に知れ渡るというような狭い島で、２００人もの女性が拉致されたということが、全島民の知るところとならないというのは常識に反しています（※註2）。

一方で、戦時中の1944年に米軍の諜報機関OWI（戦争情報局）が、ビルマ（ミャンマー）で拘束した慰安婦に聞き取り調査した記録がありますが、それによれば、高給で待遇もよかったと。マイク・ホンダ議員はこれこそ日本軍が女性を誘拐した証拠だと言っているのですが、明らかに彼は中身を読んでいません。それが、どこの国の軍隊でも普通にあった商行為のひとつであったことは明らかです。

次に、戦地で何年も過ごしてきた私の常識の観点から述べますと、当然のことながら当時、日本は米国を始めとする連合国と戦争している最中でした。前線の軍隊の指揮官の関心事は、兵力と武器・食料などの補給をいかに多く確保し運用していくかです。それで精一杯の指揮官が、その本来業務とは別に20万人の女性を強制連行して、彼女たちを管理し、食べさせていくなどという大仕事を命令する余裕などあるわけがない。空母機動部隊を編

（※註2）済州島で200人の女性たちを「慰安婦狩り」したと言う吉田清治の証言に疑問を抱いた秦郁彦が現地で調査したところ、まったくの嘘だということがわかった。島民たちは「でたらめだ」と証言している。

成するほど賢明で優秀な日本軍が、戦争の真っ最中に貴重な兵力を女性たちの拉致に費やすはずなどないではないか。こういうことは、軍隊経験のある人ほどよく理解します。極めて非現実的だからです。軍隊が駐屯する場所には、今も昔も売春婦が群がるのが現実です。むしろ規制する方が大変で、強制的に拉致するなど、誰も考えない。軍人ならわかることです。

仮に20万人の女性たちが強制連行されたら、韓国の男性たちは決して黙っていないでしょう。日本軍と韓国の人たちとの間に血の惨劇が起こったはずです。しかし、そんなことはただの一件も起こっていません。

私はグレンデール市の慰安婦像を見に行ったことがあります。スマートフォンが機能しなくてナビが使えなかったので、地図を片手に行ったのですが、なかなか見つけられず、たまたま通りかかった、グレンデールで生まれ育ったという市民に聞いても、「何それ？」という感じで、あまり知られていないようでした。やっと見つけると、そこには韓国系米国人に引率された日本の共産党支持者のグループがいました。どうやらそういうツアーが組まれているところに出くわしたんですね。

グレンデール市の慰安婦像の碑文には、「大日本帝国軍によって強制的に性奴隷にされた」女性たちとして、韓国、中国などと並んでタイの女性たちも含まれています。私は今、タイを拠点に調査活動しているのですが、彼らは慰安婦のことなど何も問題にしていません。それどころか、「当時、タイの人々は日本軍のことを好きでした」と言っています。私の調査では、タイの政府と日本軍との間で交わされた慰安所の運営に関する契約書が残っています。月に5日の休みがあるとか、健康診断のやり方とか、公娼制度の下での商行為としての契約書ですね。決して強制連行などではない。

「慰安婦問題」に関心のある人は全員が「IWG報告書」を読むべきだ

ヨン　先述の米下院決議は2007年の夏でした。IWG報告書が出されたのは2007年春ですから、この米国政府の調査報告を無視した形で下院決議が出されたことになります。

下院決議というものは、「自家製ビールの日」などという決議もあるように、大して意味はないものが多いですし、法的拘束力もありません。しかし、日本の「慰安婦問題」の報道では、この決議のことがさも権威があるかのようによく取り上げられますし、米国の地方都市での慰安婦像や碑の建設、あるいは地方議会での決議などでたくみに利用されています。私も最初は決議するからには、よほどきちんとリサーチがなされているのだろうと思いこんでいましたが、調べてみると、実に杜撰《ずさん》で無意味な決議だとわかりました。

最近ではあろうことか、オバマ大統領（当時）やヒラリー・クリントン元国務長官が「慰安婦問題」で日本を批判しましたが、彼らはＩＷＧ報告書を知らないか、あるいは無視しているのです。

――改めて、ＩＷＧ報告書の存在を米国でも日本でも周知させていく重要性を認識しました。

ヨン　日本の主婦グループの中には、この「慰安婦問題」で活発に反論の活動を行っている人たちがいます。次世代の子供たちを育てる大切な役割を担っている婦人たちの活動に敬意を表しますが、このＩＷＧ報告書は彼女らの武器となると確信します。「慰安婦問題」に関心のある人は全員が「ＩＷＧ報告書」を読むべきだと思います。日本国民のために誰か早く日本語に訳してほしいと思います。

――終戦70年を迎え、中国が〝戦勝国〟として、日本にさらに強烈な〝歴史戦〟を仕掛けてくると思われます。

ヨン　ＩＷＧは、慰安婦のほかに、南京大虐殺や「人体実験」の７３１部隊についても調べましたが、それらの戦争犯罪が事実であるとの決定的な証拠を見つけることはできませんでした。私は何も日本の肩を持つために調査をしているわけではありません。どんな戦争でも、またどんな国の軍隊でもあるように日本軍が通常の戦争犯罪を行ったこともあるでしょう。そういう事実は直視すべきだと思います。しかし、日本が、各国と平和条約を結んで何十年も経つのに、いまだに日本のみが批判されるのはあまりにも不公平だと思います。

やはり、これは人権や人道とは関係のない政治的な動きなのです。中国は、「慰安婦」のほかに、「南京大虐殺」「靖國神社」を日本攻撃の政治的武器として利用しているという構造を思い起こす必要があります。

日本は決して謝ってはいけない

――靖國神社についてはどう思われますか。

ヨン　日本の神道に基づいた文化ですから、日本人がそこへ参拝するのに外国に気兼ねなどする必要はありません。首相も堂々と参拝すればいいと思います。私は靖國神社を何回か訪れていますが、権宮司さんと話し込んだこともあります。神道の意味をもっと説明したらアメリカ人も理解してくれると思います。それから英語圏では戦争犯罪人を祀っているというイメージが広がっていますが、この誤解を解くために、英語でもっと発信してほしいと思います。そもそも「戦犯」なるものを指定した東京裁判自体が国際法上疑義が呈されていますし、彼らは死をもって償っている。また、韓国人も台湾人も祀られていることなど、伝えるべきだと思います。

対外的にはアメリカのアーリントン墓地と同じだという理解でいいと思います。アーリントンには、南北戦争のときの南軍の戦死者もいます。南軍は奴隷制度を持っていました。では、アメリカの大統領がアーリントンに詣でたとき、「大統領は奴隷制度を礼賛しているのか」と批判しますか。靖國神社を批判するのであれば、そういう論理も成り立つはずですが、そんな馬鹿馬鹿しいことは誰も言いません。

――先の大戦の評価について。

ヨン　子供の頃、日米戦争は日本の真珠湾の騙し打ちで始まったと教えられました。しかし、長じてから顧みると、アメリカのほうが日本を追い詰めた結果としてのアタックだったことに気付きました。対日石油禁輸、米義勇軍（フライングタイガース）の編成など、アメリカはすでに戦争前に日本に喧嘩を売っていたのです。戦争が始まっても無差別の空襲や原爆投下など明らかにアメリカの方が戦争犯罪を行っているのです。

しかし、今、大切なのは、日米がお互いの歴史認識を叩き合うことではありません。それこそ日米の分断を図ろうとする中国の思う壺です。安倍首相の「終戦70年談話」が取り沙汰されていますが、私がアドバイスするとしたら、「決して謝ってはいけない」ということです。それは日本の立場を弱くし、現在における危機を増すだけです。

英語での発信力を強化せよ

――繰り返しになるかもしれませんが、改めて、ヨンさんの調査活動の目標を教えてください。

ヨン　私は、アジアの安定のために日本には強くあってほしいと願っています。それがアメリカの国益につながると信じています。そのために、「慰安婦問題」を始め、今、日本に仕掛けられている歴史戦は、中国の戦略の一環であるということを白日の下に晒《さら》すことが私の当面の目標です。日本を弱体化し、日米、日豪、日韓の関係を分断し、アジアの覇権を握ろうとする中国の謀略に踊らされてはいけないということです。英語圏では、反日勢力の発言、発信力が圧倒的に強いです。反日の学者やジャーナリストが日本を貶めようと国連も含め国際舞台で活発な言論活動を英語で行っています。その中には日本人も多くいます。「慰安婦問題」について朝日新聞が訂正記事を出したといっても、アメリカ人はほとんど知りません。

――そうなんですか。

ヨン　英語で表現されていないからです。むしろ、アメリカのメディアでは、日本の極右がリベラルな朝日新聞に襲い掛かって言論の自由を奪おうとしているという論調です。安倍首相について、〝歴史修正主義者〟〝ウルトラナショナリスト〟というレッテルが張られていることも同一線上にあります。

つまり、アメリカでの日本観の形成に最も影響力があるのは、今でも朝日新聞なのです。それは、朝日新聞が長い間、英字紙を出し続けているからです。いくら産経新聞が正しい言論活動を行っても、それは日本語圏にしか影響力は及びません。産経新聞の英字紙がないからです。その結果、アメリカのジャーナリズムは、日本に関する情報源として朝日新聞の英字紙から情報を取り、ときにはある部分をそのままコピーしてメディアに流していると言ってもいいのです。

私はよく言うのですが、「日本を貶めようとする国が4つある。それは中国、韓国、北朝鮮、そして日本だ」と。英語圏のネット上には、いまでも「反日的日本人」の言動があふれています。しかし、そのこと自体が問題というよりも、それに反論し、あるいはそれを相対化し、日本を擁護するような英語による言論が圧倒的に少ないということこそ問題なのです。今こそ、おとなしい日本人、反論しない日本人から脱して日本の名誉を守らなければなりません。

私は、日本の若者の多くが自国に誇りを持てないでいることを知り、悲しくなりました。私は、世界70か国を回った経験から断言しますが、日本は間違いなく世界トップ3に入る良い国です。日本人として生まれたこと自体、幸せなことなのです。私はアメリカ人ですから、アメリカの国旗の縫いこまれた帽子をよく被ります。もし私が日本人だったら日本の国旗の入った帽子を被るでしょう。それは右翼でも何でもなく普通のことだとわかってほしい。日本国民、とりわけ若者には日本人であることに自信と誇りを持ってほしい。

——調査活動の一層の充実を始め、益々のご活躍をお祈りいたします。

【資料編】

朝日・グレンデール訴訟（米紙謝罪広告等請求事件）

最終準備書面

最終弁論期日　平成28年12月22日

弁護士　徳永信一
弁護士　内田智
弁護士　岩原義則
弁護士　上原千可子

第1　慰安婦問題とは何か

1　本件訴訟における慰安婦問題

２０１０年10月、アメリカはニュージャージー州パリセイズパーク市に慰安婦の碑が設置された。碑には「日本帝国の軍により拉致された20万人以上の女性と少女のために」と刻まれている。続く、２０１２年６月にはニューヨーク州ナッソーのアイゼンハワー公園内の退役軍人記念園、２０１２年12月には、カリフォルニア州オレンジ郡のガーデングローブ市のショッピングモール前、２０１３年３月には、ニュージャージー州バーゲン郡ハッケンサック市の裁判所の脇に、それぞれ同様の慰安婦の碑が次々と設置された。

２０１３年７月、カリフォルニア州グレンデール市の市民公園に慰安婦を象徴する少女像が設置され、その傍らには「日本軍により、20万人以上の女性が自宅から強引に引き離され、性奴隷を強制された」との碑文が埋められている。

これが、現在、在米原告らを含むアメリカで生活している日本人が背負わされている「慰安婦問題」の十字架である。それは過去の戦争における日本の責任を問うだけのものではない。現在の日本人の全てに対し、良心のある人間としての倫理的責任を果たすことを迫るものである。しかし、それはいわれのない偏見であり、敵意に満ちたヘイトスピーチ、虚偽に基づく人種差別である。在米原告らは、そうした差別と偏見が蔓延《まんえん》する地域社会のなかで、増え続ける韓国系やその同調者からいわれのない憎悪と敵意と侮蔑《ぶべつ》に基づく、日常的に様々な困難と人権侵害を受け続けている。

在米原告の馬場氏が慰安婦像の設置に反対するため訪れたグレンデール市議会において公衆の面前で市議から受けた罵倒《ばとう》と屈辱、同じく慰安婦像設置への反対を呼びかけた永門氏が受けたメールによる不気味な脅迫。そうしたことは慰安婦モニュメントが建つ周辺にすむ在米原告らが受けている差別やストレスの一端である。

2　嘘と真

挺身隊の名による強制連行、すなわち、国家の意思による組織的な強制連行による20万人の性奴隷という内包的定義における慰安婦問題が、事実に基づかない虚構であったことは、今や多言を要さない。軍や官憲による強制連行があったとする唯一の証拠とされてきたのは、済州島を含む朝鮮半島において、集落に押し入り、多くの未婚・既婚の女性を、奴隷狩りのように徴発し、女子挺身隊の名で慰安所に強制連行したという吉田清治の証言であった。それは1980年代から朝日新聞が報道し、真実のお墨付きを与え、良心の証言として箔《はく》付けしてきたものであった。長年にわたる官民での論争の末、2014年8月、朝日新聞は遂に吉田清治証言が虚偽であることを認め、併せて、別物である挺身隊と慰安婦とを混同してきたことを認めたのである。

3　慰安婦問題の本質

慰安婦問題には、様々な外延が混在して錯綜《さくそう》としている。問題の困難と議論のすれ違いはここに起因する。例えば、朝日新聞は、2014年8月に誤報を認めた後も、慰安婦問題の本質は軍の関与によって設置された慰安所における女性の人権侵害であって、強制連行の有無ではないという論陣を張っている（※1）。

しかし、貧しさから売春婦となる悲劇はここで扱う「慰安婦問題」ではない。そうした悲劇がなくなるのは日本でも高度経済成長によって絶対的貧困が改善されてからのことだった。貧困から身売りさながらに女工となり、劣悪な条件と労働環境で働かされた「女工哀史」の悲劇もそこでいう女性の人権侵害の歴史に連なる。日本が世界から名指しを受けて非難されているのは、慰安所における女性の人権侵害などではない。

西岡力東京基督教大学教授は、その近著『朝日新聞「日本人への大罪」』において次のようにいう。「当時、どの国の軍隊にも同じような制度はあったし、人身売買されて売春をせざるを得なかった女性は世界中どこにでもいた。しかし、旧日本軍慰安婦以外の人たちに、性奴隷にさせられたから補償すべきだという議論はおきていない。そのこと自体、日本が『挺身隊として女性を強制連行した』、つまり国家の意思として女性を拉致して慰安婦にしたという無実無根の誤解によって、当時の国際法や社会状況に照らしても突出して非人道的な所業を行ったという歴史評価が国際社会に広がっていることを示している」（p115）。

4 例外的な逸脱行為

付言すれば、「慰安婦問題」は、国家意思の発動として組織的・計画的に命じられたものであり、逸脱した兵士らによる例外的なレイプや人権侵害とは別物である。遺憾ながら、例外的な逸脱行為としての性犯罪は、現在は世界中で起こっている。沖縄の米軍基地周辺で発生したレイプ事件がそうである。アジア女性基金も償いの対象から単純な強姦の被害者を除いている（大沼保昭『慰安婦問題とは何だったのか』p32）。

慰安所における強制売春の実例とされるスマラン島事件は、将校が慰安所におけるオランダ女性の強制売春にかかわった事件であるが、あくまで例外的な逸脱行為であり、発覚するや直ちに責任者は軍法会議で処罰され、慰安所は閉鎖されている。独立検証委員会の島田洋一教授は、その意見書において、スマラン事件は、米軍イラク・アブグレイブ収容所での看守兵乱行と同様の事例であるとしている。「いずれも唾棄《だき》すべき事件だが、軍による組織的行為ではなく、上層部が知るに至って止めさせている。特に米国人には『スマラン』は『アブグレイブ』だといえば、共通の土俵を設定しやすいであろう」と問題の適切な整理を行っている（※2）。

第2　朝日新聞誤報の罪

1　吉田清治の証言

吉田清治の証言を世に紹介したのは１９８２年9月の朝日新聞がはじめてだった（※3）。以来、朝日新聞は、「済州島などで朝鮮人の村落に押し入り、既婚・未婚を問わず、多数の女性を奴隷狩りのように徴集し、挺身隊の名で慰安所に強制的に連行して慰安婦にした」という吉田清治の証言を、何らの裏付けもないまま繰り返し取り上げ、真実としてのお墨付きと箔付けを与えてきた。

朝日新聞社の英字新聞「朝日イブニングニュース」が、吉田清治の証言をはじめて取り上げたのは１９８３年12月24日の紙面であった。

朝日新聞は２０１４年8月に吉田証言が虚偽であることを認め、これを事実として記載した記事18を取り消したが、英字新聞「朝日イブニングニュース」に掲載された吉田証言の記事は今も取り消されていない（※4）。

2　挺身隊と慰安婦の混同

朝日新聞は92年1月11日の記事で「従軍慰安婦」の解説として「主として朝鮮人女性を

挺身隊の名で強制連行した。その人数は8万とも20万ともいわれる」と報じるなど、93年中頃まで挺身隊＝慰安婦として両者を混同する誤報を続けていた。韓国における挺身隊と慰安婦の混同は、報道の前からあったという。米軍のために設置された韓国の慰安所における慰安婦も挺身隊と呼ばれることがあった。それでも、両者が別物であること自体は、韓国政府も認識しており、92年7月の「中間報告書」で指摘していた（※5）。

実のところ、両者の混同もまた、「挺身隊の名で女性を強制連行して慰安婦にした」という吉田清治の証言がこれを事実として定着させたものであった。そしてこの混同は、挺身隊に応募した小学生の少女が慰安婦にされたという全くの誤解を生んだ。

1992年1月16日の英字新聞「朝日イブニングニュース」は、「11歳の少女5人と12歳の少女ひとりが6年生のクラスから挺身隊に招集され、前線の兵士に慰安婦として供された」とし、韓国国民の激怒を報じているが、事実はかつて教諭だった日本人女性が挺身隊に送り出した教え子を訪ねたというものだった。米国や韓国では今でも小学生が挺身隊の名で慰安婦にされたことが事実だと信じられている。もちろん、朝日新聞は、この記事についても未だに訂正も取り消しもしていない。

3　92年1月11日（軍命資料の発見）

92年1月11日、朝日新聞は「慰安所　軍関与示す資料」という大見出しと「『民間任せ』政府見解揺らぐ」という小見出しを付け、防衛庁図書館に慰安所の設置を指示する旧陸軍の通達等が所蔵されていたことを報道した。

この記事は、慰安所の募集や設置に軍が深く関与していたことがわかったとしているが、実際の通達の内容は、問題ある業者を取り締まるよう指示するものであって、国や軍は、慰安婦の強制連行はもとより、拉致や誘拐、人身売買や詐欺といった不法行為を取締り、悪質な業者を排除し、これを未然に防止しようとするものだった。

朝日新聞は、この記事について事実を報じたものであって、誤報にはあたらないとしている。しかし、この記事には、傍らに従軍慰安婦が「主として朝鮮人女性を挺身隊の名で強制連行した」ことだとする解説が附され、吉見義明教授の「慰安婦に対しては、謝罪はもとより補償をすべきであると思う」とのコメントが掲載されており、一読しただけでは、吉田証言にある慰安婦の強制連行に軍が深く関与していたことが証明されたかのような誤った印象を受けるミスリーディングな記事であった。

事実、1992年1月13日の「朝日イブニングニュース」では、これを「日本軍がいわゆる慰安婦の募集及び犯罪が行われた施設の設営に関わっていたことを確証する公文書が発見された」として、軍による犯罪の根拠として報じており、「無数の韓国人女性が売春を強制された」と報道している。

この記事以降、軍による強制連行を非難する慰安婦問題は、先の大戦において生じた国家的スキャンダルとして韓国や欧米において爆発的に報道され、日韓関係を呪縛する国際問題に発展していった。

後に述べる米下院決議におけるラリー・ニクシュ調査員の報告書でもこの軍資料発掘のニュースが最も衝撃的なインパクトを与えたと特筆されており、この記事が慰安婦の強制連行を証明するものとする誤解が拡大定着していったことを証明している。

これ以降、軍による組織的な強制連行を内包とする「慰安婦問題」は、先の大戦をめぐる国家的スキャンダルとして韓国や欧米において爆発的に報道され、世界に拡大・定着し、日韓関係を呪縛する国際問題に発展していった。

第3　クマラスワミ性奴隷報告

1　被告の主張

クマラスワミ性奴隷報告が、慰安婦に関する不当な誤解を国際的に広めるのに大きな役割を果たしたことに疑いを差し挟むものはいまい。欧米メディアは、同報告以降、慰安婦を性奴隷と定着させて報道し、その認識は加速度をつけて強まった。また、韓国においては、同報告を日本批判の有力な根拠として取り上げており、日韓合意後もその姿勢に変わりはない。

ところで、朝日新聞は、クマラスワミ性奴隷報告は、吉田清治の著書を根拠の一つとしているものの、朝日新聞の記事そのものを根拠としているわけではないとして、それが誤報の影響下に生まれたなどということはないと強弁するが、以下にこれを検証する。

2　クマラスワミ性奴隷報告の内容

(1) 概要

国連人権委員会の「女性に対する暴力、その原因と結果に対する特別報告者」に選任されたラディカ・クマラスワミは、1996年1月に委員会提出されたいわゆるクマラスワミ性奴隷報告において、第二次世界大戦中の日本の慰安婦制度が国際法に違反する「軍性奴隷制」であると断定し、日本政府に対し、法的責任を受入れ、被害者に賠償を行い、責任者を処罰するよう勧告した。

(2) 挺身隊と慰安婦の混同

クマラスワミ性奴隷報告は、慰安婦制度の「歴史的背景」において「表向きは日本軍を助けるため工場で働いたり、その他の戦争関連の任務を遂行したりする女性を徴用するという目的で女子挺身隊が設立された。だが、これを口実に、多くの女性が騙されて軍の性奴隷として働かされることになり、挺身隊と売春の関連はすぐに広く知られるようになった」「さらに沢山の女性を集めるために、軍に協力する民間業者や、日本に協力する朝鮮人警察官が村を訪れ、いい仕事があるといって少女たちを騙した。さもなければ、1942年までは、朝鮮人警察官が村へやってきて『女子挺身隊』を募集した。これによって日本政府が認める公式の手続きになると同時に、ある程度強制力を持ったのである」などとし、これらの典拠としてヒックスの著作をあげている。

(3) 奴隷狩り

性奴隷報告は、さらに「それ以上にまだ女性が必要とされた場合は、日本軍は暴力的であからさまな力の行使や襲撃に訴え、娘を誘拐されまいと抵抗する家族を殺害することもあった」「強制連行を行った一人である吉田清治は戦時中の体験を書いた中で、国家総動員法の一部である国民勤労報国会の下で、他の朝鮮人とともに1000人もの女性を『慰安婦』として連行した奴隷狩りに加わったことを告白している」などとし、典拠としてヒックス著『性の奴隷　従軍慰安婦』（以下「ヒックス本」という）とともに吉田清治の著作『私の戦争犯罪』（以下「吉田本」という）をあげている。

3 典拠

クマラスワミ性奴隷報告が、軍による組織的な慰安婦「強制連行」の「歴史的背景」の典拠として採用しているのは、①吉田本と②ヒックス本の2つである。「歴史的背景」の本文中には11箇所の引用があり、ヒックス本が10箇所、吉田本が1箇所で引用されている。但し、吉田本の引用はページ数が示されておらず、ヒックス本の孫引きであることがうかがえる（※6）。クマラスワミは日本語も韓国語もできないため、当時、唯一の英語文献であったヒックス本に全面的に依拠して「歴史的背景」を記述したのである。

そのヒックス本が吉田証言に大きく依拠していることは、著者自身が英文の原書において次のように認めている。「…吉田の回顧録は非常に重要である。慰安婦自身から得られる証拠を別とすれば、それは未だに、動員過程に関する唯一の独立した、準公式の報告であり続けている」（※7）。

後述する外務省の反論文書は、《このように一般刊行物に依拠する場合、特別報告者がヒックスの著述内容について、自ら十分な裏付け調査を行わなければならないことはその職責上当然のことであるにもかかわらず、そのような検証が行われた形跡がない。その上、引用に際し、特別報告者は、随所に主観的な誇張を加えている。このように無責任かつ予断に満ちた本件附属文書（クマラスワミ性奴隷報告）は、調査と呼ぶに値しない》としている。

なお、島田意見書は、朝日新聞による記事の取消しが早期になされていれば、クマラスワミ性奴隷報告が、ヒックス本に依拠して記述した挺身隊と慰安婦の混同並びに吉田清治が証言した奴隷狩りに関する上記記述は訂正を余儀なくされていたとしている。吉田清治証言が朝日新聞の箔付けのうえで信用ある文書として取り上げられ、ヒックス本がこれを準公文書として参照していることを思えば、全くそのとおりである。

4 「元慰安婦」の伝聞証言

クマラスワミ性奴隷報告書の第5「証言」の章では、クマラスワミ自身が聞いたとして、数名の「元慰安婦」の証言が紹介されているが、後述する外務省の反論文書によれば、《北朝鮮在住の女性の「証言」は、特別報告者が直接聴取していない「伝聞証拠」であり、これらの「証言」は、人権センターの職員により聴取されたとのことであるが、疑問点があれば特別報告者自ら問い質して確認することができたのか全く不明である》とされている(※8/p9)。

因《ちな》みに、北朝鮮女性の伝聞証言は、その内容も「日本軍人に連行され警察署でレイプされた上殴られて片目を失明し、慰安所で日本軍人が仲間の慰安婦をリンチして首を切り落とし、これを茹《ゆ》でて無理やり食べさせられた」というものであり、俄《にわ》かに信を措《お》けない荒唐無稽なものであった。

また、北朝鮮在住女性以外の韓国人女性の証言も、その内容を子細に検討した独立検証委員会の西岡力教授によって、供述内容に決定的な変遷や自己矛盾があったり、軍の強制を示さない証言（給料のよい仕事につけると言われて騙された等、悪質な業者に騙されたと思われる事例）だけで構成されていたりしていることが指摘されており、「軍性奴隷制」を示す証拠として信用性はないと言わざるを得ない（※9／p82）。

この点、外務省の反論文書は、1944年に米陸軍がビルマで行った朝鮮人慰安婦20名を尋問した結果を記録した報告書の中には、全く異なる慰安婦像が示されているがクマラスワミはこれを無視したと指摘し、クマラスワミ性奴隷報告のごとき「偏見に基づく一般化は、歴史の歪曲に等しい」と辛辣《しんらつ》に批判している（※8／p9、※10）。

5　外務省反論文書と河野談話

既に繰り返し引用しているように、1996年6月、クマラスワミ性奴隷報告が国連人権委員会に提出された段階で、外務省は、これに対する反論文書を作成して提出している（但し、その後、政治的理由で撤回されている）。

そこでは、前述してきたように、クマラスワミ性奴隷報告における事実認定の手法について厳しい批判がなされ、《このような無責任かつ予断に満ちた本件付属文書は、調査と呼ぶに値しない》などとされていた（※9／p82）。

外務省の反論文書において重要なことは、外務省の反論それ自体から河野談話は性奴隷や強制連行に与《くみ》するものではないことが明らかになったことである（その内容から明らかなように、外務省の反論は、河野談話に抵触しない前提で書かれたものである）。

そもそも河野談話は、朝鮮半島での奴隷狩りのような慰安婦募集を認めていないし、勤労動員のための公的制度であった女子挺身隊と慰安婦を混同することもない。このことは日本国内では90年代に行われた激しい論争の結果、慰安婦への国家賠償が必要だと考える陣営も含めて認めている共通認識であった。また、朝日新聞も河野談話後の社説において、それまでの強制連行ではない広義の強制による女性に対する人権侵害があったという論点のすり替えを行っていることは第三者委員会の報告においても指摘されているところである。

河野談話が誤った国際世論の形成に寄与しているとすれば、それは先行した朝日新聞による吉田清治の「狩り出し」の証言と挺身隊と慰安婦の混同によるイメージが誤って裏書きされてしまったことであり、朝日新聞による誤報の取消しと訂正さえあれば、河野談話の誤ったイメージは安倍内閣における閣議決定を待つまでもなく、簡単に覆っていたはずである。

6 「誤報」との因果関係

(1) 独立検証委員会は、朝日新聞の報道が、クマラスワミ性奴隷報告に与えた影響として、以下のとおり報告している。

そもそもクマラスワミ性奴隷報告が慰安婦「強制連行」「奴隷狩り」の典拠とした吉田本は、朝日新聞の誤報から始まったものである。1982年の初報は「朝鮮人慰安婦は皇軍慰問女子挺身隊という名で戦線に送り出しました。当時、われわれは『徴用』といわず『狩り出し』という言葉を使っていました」というものだった。朝日新聞がその誤報によって「お墨付き」を与えていなければ、そもそも吉田本自体が存在したかどうかも疑わしい(※6/p104)。吉田清治は、朝日新聞のお墨付きによって、その後、講演行脚と著書の販売に精を出したのである(※6/p100)。

吉田証言と吉田本における『奴隷狩り』は、1992年1月11日以降の一連のプロパガンダ記事によって世界に拡大し、ジョージ・ヒックスが吉田本を準公文書として依拠してヒックス本を出版し(1995《1993年に経済誌に掲載された「集合亡霊」が初出原稿》)、これに全面的に依拠してクマラスワミ性奴隷報告が作成された。

以上を時系列で並べると、朝日新聞の初報（1982）→吉田本（1983）→朝日新聞の「92年1月強制連行プロパガンダ」→ヒックス本（1995）→クマラスワミ性奴隷報告（1996）という影響関係が明らかに成立していることがわかる（※6／p104）。

⑵　朝日新聞が報じてきた吉田証言が虚偽であることも、全く別物である挺身隊と慰安婦を混同してきたことについても、朝日新聞は、遅くても1993年1月当時には認識していたはずであり、速やかに、吉田証言を取り消し、挺身隊と慰安婦との混同を訂正し、読者に詫びるべきであった。

そうしていれば、それ以後、国内外における吉田証言における慰安婦狩りを真実であるとする報道や挺身隊と慰安婦の混同に基づく強制連行の報道は抑制されたはずであり、日本の軍や政府が組織的に20万人以上の慰安婦を強制連行して性奴隷として酷使していたなどと、日本を一方的に断罪したクマラスワミ性奴隷報告が国連人権委員会で採択されることもなかったであろう。

クマラスワミ性奴隷報告だけではない。例えば、朝日新聞が初めて自らの慰安婦記事の検証をした1997年の時に、もし、吉田証言を「虚報」として取り消し、国際社会に向けてそのことを発信していれば、クマラスワミ性奴隷報告に影響されて《日本政府と日本帝国軍は20万人以上のアジア女性を強制的にアジア各地のレイプセンターの性奴隷とした》とする国連のマクドゥガル報告（1998）もなかったはずである。そして、日本政府に対し、日本軍が「性奴隷制」を強制したことを認めて謝罪し、《この恐るべき犯罪について現在および未来の世代に対して教育すべきである》と勧告するまでに至った米国の下院決議（2007）もなかったはずである（※6／p104）。

第4　米下院決議121号とIWG報告

1　2007年米下院決議121号

2007年には、米国における慰安婦問題において重要な意味を持つ事件が2つあった。1つは、米下院決議121号（以下「本下院決議」という）であり、もう1つはIWG報告である。

まずは同年7月30日に可決した本下院決議である。それは冒頭に以下の事実を掲げている。「1930年代から第2次世界大戦までの間、日本政府は『慰安婦』と呼ばれる若い女性たちを日本軍に性的サービスを提供する目的で動員させた。日本政府による強制的な軍隊売春制度『慰安婦』は、『集団強姦』や『強制流産』『恥辱』『身体切断』『死亡』『自殺を招いた性的暴行』など、残虐性と規模において前例のない20世紀最大規模の人身売買のひとつである」

強制連行や拉致といった文言こそないが、「動員」という言葉に、慰安婦の募集における組織的かつ制度的な強制があったという意味合いが込められている。

この決議案については、アジア女性基金の理事長を務めた大沼保昭東大教授も、慰安婦の募集・連行について不正確な事実認識にもとづくものであるのは確かであり、不正確な認識への批判は、日本政府としてなすべきことだといっている（『慰安婦問題とは何だったのか』p239）。いうまでもなく、そこでいわれる「不正確な事実認識」を定着させたのが誰かが本件訴訟の主題である。

そして、その不正確な事実認識に基づく不当な本下院決議が、全米各地の慰安婦の碑文に「拉致」（ニュージャージー州）や「家々から引き離された」（グレンデール市）という文言が刻まれる根拠となった。

2　米議会調査報告書2007年版

本下院決議の決議案は、2007年1月31日、マイク・ホンダら6名の共同提案者によって米下院外交委員会に提出された。廃案になった前年に続けて提案されたものだった。マイク・ホンダ議員は、在米中華系反日組織である世界抗日史実維護連合会（以下「抗日連合会」という）の支援を受けており、中国系ロビイストによる〝日本叩き〟の言わば先兵で、何度も本決議を上げようと提案してきた（※11）。

決議案の提出とともに議員に配布された「米議会調査局報告書」は、調査局員のラリー・ニクシュが作成したものである。そこには「慰安婦制度」が残酷な犯罪であった根拠として、吉田本における吉田証言と朝日新聞が1992年1月11日に報じた軍による慰安所設置命令文書の発見が証拠として取り上げられ、後者は「the greatest impact」を与えた証拠として特筆されていた。この時点において本決議案が朝日新聞による誤報の影響下にあることは明らかであった。

ところが、4月3日、ラリー・ニクシュ調査員は、米議会調査報告書の修正版を「日本軍の『慰安婦』制度」と題して作成し、これを議員に配布した。そこでは、吉田本の証言が根拠から取り下げられ、代わりに日本では全く無名の田中ユキなる人物の著書『日本の慰安婦制度』が取り上げられていた。

3 決議における朝日新聞誤報の影響

(1) ユキ・タナカ著『JAPAN'S COMFORT WOMEN』

これは、全く無名だったユキ・タナカなる人物による2002年の著書であり、日本語版は発行されていない。後日、ユキ・タナカは広島平和研究所の研究員田中利幸であることが判明する。同研究所は北朝鮮の核開発を支持する北朝鮮寄りの団体であり、ユキ・タナカは英語版の著書『知られざる戦争犯罪—日本軍はオーストラリア人に何をしたか』を発行しているが、そこには「人肉食は日本の軍隊の中で組織的に行われた」と強調され（p71）、「日本軍が戦時中示した極端な暴力性、残虐性は日本人固有の国民的性格に由来するものであり、日本の『特有な』文化性と深く関連している」というでたらめが無責任に書き散らされている（※12）。

田中ユキの著作には、ニクシュの報告書にあるように「400人ものアジア諸国及びオランダ人女性に対する聴き取り調査」が採録されているが、その裏付けとなる検証がなされた痕跡はない。現在、中国は韓国と連携して日本軍の残虐行為である「慰安婦問題」をユネスコ記憶遺産に登録する「歴史戦」を仕掛けてきているが、中国の上海師範大学蘇智良教授が唱えている慰安婦40万人説（これは、従前の20万人説に中国人慰安婦20万人を追加するもの）に相互に言及し合っていることから（※13）、「歴史戦」におけるプロパガンダのための「謀略本」だという指摘もある（※14）。

謀略本かどうかは別としても、それは学術的なレビューを受けていない口述記録の羅列であり、現時点では新たな価値も信用性もないものである。朝日新聞の誤報に基づく国際世論の偏見に、何ら独立のものを付け加えるものではない。

(2) 吉田証言の亡霊

２００７年４月版の調査報告書「日本軍の『慰安婦』制度」では、２００６年版まであった吉田証言は「強制売春」の証拠から外されている。同年４月に完成したＩＷＧの調査において、朝鮮半島における慰安婦狩りを裏付ける資料が何ら見つからなかったことによるものであると推察される。ラリー・ニクシュは、「日本軍は、とりわけ朝鮮では、雇用の大部分を直接行ってはいなかったのかもしれない」（※15）と書いている。

しかし、同調査報告書が吉田証言から全く独立しているかといえば、それは違う。

２００６年版でも根拠資料として上げられていたジョージ・ヒックスの論文『亡霊集合(Gathering Ghost)』（これは１９９５年発行のヒックス本に収められた論文の初稿であり、経済誌「極東経済」１９９３年2月18日号に掲載されたものだった）が２００７年版においても依然として根拠資料とされていた。

(3)　１９９２年1月11日　強制連行プロパガンダ

本下院決議と朝日新聞の誤報との関係を論じるうえで最も重要なことは、ラリー・ニクシュの２００７年版の調査報告書においても、吉見義明教授が発掘した軍の命令書を朝日新聞が報じたという事実が証拠リストの筆頭に挙げられていることである（※15）。これは前述した１９９２年1月11日の強制連行プロパガンダの記事（※16）であり、２００６年版の調査報告書では the greatest impact を与えた事実として特筆されていた。

既に述べたように、92年1月11日の記事は、防衛庁図書館に収蔵されていた軍命令書の発掘という事実を報じたものであったが、朝日新聞によって誤ったイメージ操作がなされ、英字新聞「アサヒ・イブニングニュース」では、日本軍が強制連行の「犯罪」に深く関与していたことの動かぬ証拠として報道されていたものである。

実際には、発掘された命令書は悪質な業者を取り締まるよう指示する内容であり、むしろ、拉致・人身売買・詐欺といった不法行為を抑止する意図で発せられたものであり、それはとりもなおさず、軍による組織的な強制連行を否定する証拠と解されるべきものであったが、朝日新聞の報道には、そのことを指摘するものは皆無であった。

4　IWG報告

２００７年の出来事で本下院決議に続いて特筆すべきことは、IWGの報告書のことである。１９９９年に設置されたIWG（米国政府各省庁作業班）が、「ナチス戦争犯罪および大日本帝国政府に関する記録」報告書を２００７年４月に完成し、その一部は1月に発表されている。

IWGは、ドイツと日本の戦争犯罪を調査するため8年の期日と30億円の費用をかけて機密資料８４０万頁を調査したが、その結果として日本軍の慰安婦制度の犯罪性や強制連行を示す文書は一点も発見されなかったことが報告書に記されている。

報告書添付の議事録には「日本の戦争犯罪についてめぼしい証拠が見つからない。これでは彼らを立腹させてしまうだろう」という記載があった。「彼ら」とは抗日連合会のことである。皮肉なことに連合会の思惑とは反対に、機密資料上、日本による戦争犯罪は「幻」

であることが証明されてしまったわけである。

このＩＷＧ報告は、フリージャーナリストのマイケル・ヨンによってその内容が明らかにされたが、そこからわかることは、朝日新聞の誤報が定着させた日本軍による慰安婦の強制連行がなかったことだけでなく、中華系の抗日連合会が、アメリカ議会等に働きかけて「歴史戦」に利用されようとしていたことであった。

5　結論

２００７年の米国会調査局報告書『日本軍の「慰安婦」制度』に１９９２年１月11日の朝日新聞が報じた事実が証拠の筆頭にあげられていることから明らかなように、本下院決議は、朝日新聞の誤報の強い影響下において成立したものである。

ここでは「慰安婦問題」が、単なる歴史認識の問題から、中国・韓国が仕掛けた「歴史戦」の「謀略」だという新しい視点が表面に出てきている。もちろん「歴史戦」の「謀略」のことは、朝日新聞の与《あずか》り知らぬことだろう。しかし、朝日新聞の誤報に基づく誤解と偏見が「謀略」に利用されたことは事実である。

朝日新聞が、本下院決議以前に誤報を取消し・訂正していたら、このような一方的な決議を阻止しえたであろう。そして、本下院決議後に誤報を取消し・訂正していたら、アメリカ全土に慰安婦のモニュメントが設置されるような事態は生じなかっただろう。

第5　韓国世論について

1　朝日新聞の強弁

朝日新聞は、強制連行をいう国際世論の偏向は、韓国世論の沸騰によるものだといい、自らの記事によるものではないと強弁する。

2　韓国世論の沸騰

慰安婦問題が韓国世論に登場するのは1992年1月11日のプロパガンダ記事（※16）の直後のことであった。宮澤首相による訪韓直前のタイミングで報道された同日の記事は、たちまち韓国世論を沸騰させ、宮澤首相は訪韓中に8回も謝罪し、徹底調査を約束して帰国した。以来、韓国においては、吉田証言は、頑然たる歴史的「事実」として通用しており、韓国政府による92年7月の日帝下軍隊慰安婦実態調査報告書でも吉田清治の著書が証拠として採用されており、その後も修正されていない。

3 吉田証言の現状

韓国における教育専門公営放送ＥＢＳにおける大学受験科目教育は、韓国の高校教育のスタンダードとされており、全国共通の大学受験問題の70％がここから出題されている。

２０１３年12月、朝日新聞が記事を取り消す丁度９か月前になされたＥＢＳのインターネット講義でも慰安婦に関する内容が案内されている。そこでは山口県労務報告会の動員部長を務めた吉田清治が「私は韓国人従軍慰安婦を奴隷狩りのように強制連行した。６千人を直接連行した。極秘の労務命令書により、村に着くとまず村の女性を選んだトラックに乗せた。逃げたら木刀で殴り、若くて健康な女性を選んでトラックに乗せた。抱いている赤ん坊を離して無理やり連れていったこともある。悲鳴を上げる若い母親を殴り倒し、母に泣きつく２～３歳の子供を投げ飛ばした」とする告白がとりあげられていた。日本人の残虐性の証拠として吉田証言はいわば受験常識にまで高められ、歴史授業において韓国の高校生に教え込まれているのである（※17）。

4　韓国世論の偏向原因

誤った国際世論形成の原因が韓国世論にあるという朝日新聞の強弁は、自らの誤報こそが、偏向した国際世論形成の根本原因であることを自ら承認したに等しい。なぜなら、韓国世論を誤報によって偏向・沸騰させ、残虐極まりない吉田証言が真実だと韓国人に思い込ませた張本人は、朝日新聞そのものだからである。

第6　朝日新聞の責任

1　真実義務と訂正責任

インターネットの進展著しい今日の社会においても、新聞特に一流紙の影響力には絶大なものがあり、ひとたび新聞に事実が報道されるや、その事実は真実のものとして一般読者に受け取られて流布するに至り、場合によっては取り返しのつかない結果が発生するおそれがある。かりそめにも誤った報道によって人の名誉、信用を不当に毀損しないよう注意すべき義務があり、万が一誤った報道によって特定人の名誉、信用を毀損し、後日それが誤報であることに気づいたときは、直ちに、続報又は訂正記事等により、先の報道が真実でなかったことを公表し、報道被害者の失われた名誉、信用をできるかぎり回復する義務がある（東京高裁昭和54年3月12日参照）。

2　風評被害

この理は、当該誤報が特定人の名誉ないし信用に直接的に関わるものではなくとも、これを放置することで生じる誤った風評や偏見によって不特定多数の深刻な法益侵害が惹起されることを予見しながら、敢えて是正を怠りこれを放置し――英米法にいうReckless-Negligence（向こう見ずな過失）――、もって誤解の定着と拡大を招き、これによって種々の精神的・財産的利益の侵害を招いた場合、当該報道機関は被害者に対し、不法行為責任を負い、損害賠償及び誤った風評ないし偏見を是正する義務が生じる。この理は、公正を旨とする法の精神に基づくものであり、「60 minuits」名誉毀損事件判決に示されたアメリカのコモンローに照らしても、また、所沢市ダイオキシン報道事件における最高裁判決（平成15年10月16日）が示した法解釈とその趣旨に照らしても明らかである。

3　是正措置

風評被害の不法行為の効果は、損害賠償の義務だけでなく、誤った記事の撤回ないし訂正義務も生じさせる。これは、民法724条をもつ日本法はもちろん、英米法でいうエクイティ（コモンローに対応する個別的救済法）の発動としても認められる。

本件では、名誉毀損や信用毀損にかかるコモンロー領域のなかで、最も厳格な基準とされる「現実の悪意」に準じる「向こう見ずな過失」が存する以上、エクイティに基づく是正措置義務が発生しているというべきである。

4　まとめ

最後に法的な理屈を離れ、真実を追及すべき報道機関としての使命から語りたい。およそ報道機関は、自らの誤報によって間違った事実に基づく風評や偏見を招き、特定人ないし不特定人の迷惑や不利益や差別等の人権侵害を生じさせた場合、これを直ちに是正して偏見に基づく人権侵害を消滅させるべきことは論じるまでもない。

そして朝日新聞は、国内の慰安婦報道の誤報については、十分とはいえないまでも吉田清治の証言が虚偽であることを認めて取消し、挺身隊と慰安婦が別物だということを明白にして両者を混同した記事を訂正した。日本において行ったことを、まさに報道被害を蒙っているアメリカにおいてできないはずはない。

今からでも遅すぎることはない。朝日新聞は、判決によって命じられるまでもなく、アメリカにおける慰安婦報道の誤りを自ら認め、撤回、取消し、訂正、謝罪等して是正すべきである。

以　上

注

甲…原告証拠号証
乙…被告証拠号証

※1…甲1号　朝日新聞記事　2014年8月5日
※2…甲140号　意見書（島田洋一）
※3…甲10号　朝日新聞記事（吉田2、挺身隊1）1982年9月2日
※4…甲115号「朝日イブニングニュース」1983年12月24日 Monument of Apology Erected In South Korea by Japanese
※5…乙8号「日帝下軍隊慰安婦実地調査中間報告書」（韓国政府中間報告書）
※6…甲80号　朝日新聞「慰安婦報道」に対する独立検証委員会報告書
※7…甲140号　意見書（島田洋一）、甲145号『The Comfort Women』ヒックス
※8…甲104号「毎日新聞」2016年6月10日
※9…甲137号『朝日新聞「日本人への大罪」』西岡力

※10…甲124号『正論』平成26年6月号「幻の反論書」公式化で「性奴隷」論を打ち砕け　西岡力

※11…甲66号『歴史戦　朝日新聞が世界にまいた「慰安婦」の嘘を討つ』（産経新聞社）

※12…甲128号『国連が世界に広めた「慰安婦＝性奴隷」の嘘―ジュネーブ国連派遣団報告』（自由社、髙橋史朗）115頁

※13…同右　108頁

※14…甲141号　マイケル・ヨン陳述録取書

※15…甲147号「日本の『慰安婦』制度」ラリー・ニクシュ

※16…甲35号　朝日新聞1992年1月11日の一面記事。「従軍慰安婦」の解説として「主として朝鮮人女性を挺身隊の名で強制連行した。その人数は8万とも20万ともいわれる」と報じた。

※17…甲105号『SAPIO』2016年7月号

あとがき

２０１４年８月５日、朝日新聞は遂に慰安婦報道の虚偽を認めた。その不徹底を批判した池上彰氏のコラムを没にしたことで炎上し、急坂を転げ落ちるように、謝罪会見に追い込まれていった。さまざまな保守派の市民団体から朝日に対する訴訟への強い要望が沸き上がってきたのは、そんなときだった。

真実を追及する学者の論争と違い、法的な責任を追及する裁判では、訴訟のルールに則り、法律要件を充たす必要がある。そして名誉毀損として勝訴するには、実名であれ匿名であれ、表現の対象となっている人物が「特定」されなければならないというルールがあった。ところが朝日による慰安婦報道というものは、日本人全体を貶《おとし》めるものであっても、誰か特定の個人を攻撃するものではない。そのことが裁判をする上での問題となった。

有志の弁護士が集まり、裁判の設計にかかる議論を交わした。道は二つに絞られた。日本人としてのアイデンティティの毀損という人格権侵害を押し出し、「特定」がなくても名誉毀損の不法行為が成立するとして正面突破を目指す道が一つ。もう一つは、虚偽の風聞による具体的な損害を主張し、その賠償を請求する風評被害のアプローチである。

私たちは、米国に慰安婦像が設置されることによって現地の日系人が蒙った被害を中心に置き、併せて、報道によって日本人のアイデンティティを貶められたという人格権侵害を周辺に配置し、もって朝日に対し、損害賠償と米国の現地新聞に英文で謝罪広告を出すことを命じる裁判を設計し、提訴の準備をすすめた。

提訴直前には、強制連行肯定派から反攻の狼煙《のろし》があがった。当時、植村隆元記者に対するバッシングがネットや週刊誌等で猖獗《しょうけつ》を極めていた。元慰安婦が挺身隊の名で戦場に連行されたとする捏造記事を書いていたからだ。170人という大弁護団が結成され、ネットで彼を攻撃した人物や捏造を批判した西岡力教授や櫻井よしこ氏に対し、かたっぱしから刑事告訴と民事訴訟を仕掛けていったのだ。それは言論封殺のためのスラップだった。

さて、その弁護団に名を連ねた大阪の弁護士たちが、植村元記者を呼んで勉強会をするというので参加した。彼は97年の第1次検証の際、済州島に行き、徹底調査したが、吉田証言を裏付ける証拠を発見できなかったこと、そして、そのことを本社に報告したことを語った。私は彼に質問した。「書いたときは気づかなかったとしても、後で記事が誤っていたことに気づいたのなら、なぜ、その訂正の必要を編集に申し出なかったのか」。誤報記事を書いた記者の倫理と責任を問うものだった。彼は狼狽《ろうばい》し、「えっ、今まで、そんなことを考えたことがなかった。なぜ訂正しなければいけないのか…。いや、まぁ、これから考えてみます」と答えた。その意識の低さにはガッカリした。

そこで印象的な出来事を目撃した。植村元記者が、バッシング被害に関するお涙頂戴の話を終えたあと、ベテラン弁護士が立ち上がり、「皆さんご承知だと思うが」という前置きをしてから、「慰安婦の問題を否定する右翼の西岡某は、かつてマルコポーロという雑誌でホロコーストはなかったというデタラメを書いた人物だ」という演説をしだした。もちろん、西岡教授がそのようなことを述べたことはない。いわゆるマルコポーロ事件の西岡某は別人である。しかし、勉強会に参加していた40人程の弁護士からは、ベテラン弁護士の間違いを指摘する声はあがらなかった。この程度なのだ。社会派を任じる弁護士たちのレベルは。朝日新聞という背骨を失った反日勢力の脆弱さをまざまざと知らされた。私たちの提訴はそれから1週間後、15年2月のことだった。

訴状に対する朝日新聞の実質的な答弁が陳述されたのは、その年の9月に開かれた第2回期日だった。拍子抜けしたのは、彼らは強制連行があったことを主張することはなかった。事前の予想は、吉田清治の証言が虚偽だったとしても、そのことで強制連行そのものがなかったことにはならないという、反日勢力がしがみついている論法が繰り出されることだった。もう、朝日新聞は慰安婦問題に関する反日プロパガンダの守護天使をやめたということなのだろう。

朝日新聞による実際の反論は、米国の慰安婦像ができたのは、朝日の誤報によるものではなく、韓国系市民によるものだというものであった。因果関係の否認であるが、韓国人に吉田清治の慰安婦狩り証言を信じ込ませたのは朝日の誤報だということに頬被《ほおかぶ》りしていた。また、70年も前のことで日本人の名誉感情が傷つくということもないというのもあった。これは論じるに値しない。慰安婦問題は現在を生きる日本人に向けられたヘイトスピーチなのだから。

ここで慰安婦問題との出会いについて述べておきたい。私が最初に出会ったのは、92年1月11日慰安所の設立に軍の関与があったことを報じる記事だった。朝日の紙面の誘うまま、軍による慰安婦の強制連行を抵抗なく信じた。中学の授業で、戦時中、国内の労働力を補うため、韓国人を拉致してトラックに載せて運んできたと教え込まれていたからである。当時は、男性に対してあった非道が、女性に対してないわけがない。そう考えていた。

次の出会いは、つくる会の「新しい歴史教科書」が登場し、いわゆる教科書問題が世間を騒がせたとき。私は大阪弁護士会のプロジェクトチームの委員となったが、私以外の委員は全て採択反対を唱えて私と対立していた。ある日の会議のこと、とりまとめを急ぐ委員長が決定的な証拠が現れたと宣言して、得意気に新聞記事のコピーを配布した。97年8月6日の毎日新聞だった。まさか、と思ってみると、「慰安所業者に誘拐罪」の見出しが目に飛び込んできた。記事は、「醜業を秘し、女給か女中として雇うように欺瞞《ぎまん》し移送することを謀議」し、15人の一般女性を上海に送ったとする有罪判決が弁護士らでつくる真相調査団によって発掘されたというものだった。妻をだまして中国に移送した朝鮮人男性が有罪になった判決も紹介されていた。

日本が国連でたたかれていたのは、国ないし軍の命令によって朝鮮人女性の誘拐と売春の強制が組織的に行われていたというところにある。ナチスによるホロコーストに比較されるのはそのためであるが、件《くだん》の記事によれば、戦前の日本は国家としてこれを違法とし、悪質な業者を取り締まっていたことになる。全く逆だ。だまし絵に「ルビンの壺」というものがある。1つの絵の中にもう1つの絵が隠れており、見方によって反転する。件の記事は、日本の組織的犯罪を否定する証拠だったが、真相調査団なる団体も毎日新聞も、誘拐された被害者がいたことが日本の犯罪だと理解していたのだ。

要するに慰安婦問題の本質は、日本軍は絶対悪だという予断の上に成り立っていた戦後民主主義の偏見そのものだということだ。この裁判を通じ、事態を学びながら、そのことを痛感するようになった。

　私たちは、専門家の意見書を提出して立証を終え、昨年12月22日の最終弁論を迎えた。そのとき読み上げた書面が、本書に掲載されているものだ。30分以内という裁判長の注文を10分ほど超過することになったが、裁判長は頷《うなず》きながら最後まで聞き入ってくれた。

　そこでも、「慰安婦問題とは何か」という点にページ数を割いている。ここがわからないと何を言っても無駄になるのだ。裁判長は、判決の言渡しを4月27日に指定した。異例に長い期間だ。どんな判決が出るか期待と不安が半ばしている。

　朝日新聞に対する掃討戦のつもりで始めた裁判、気がつけば私たちは歴史戦の最前線に立ち敵陣のなかで闘っていた。証拠提出した意見書を取り付けるためにチェンマイに飛び、そこで会ったマイケル・ヨン氏からプロパガンダ戦における仁義なき闘いの現実を教えられた。歴史戦の最前線は米国と国連にある。慰安婦プロパガンダとの対抗は、新たな事実を探り当てることではない。既に十分すぎる事実がある。それらが描く絵と背景をどのような視点をもって捉え直すかが肝心であり、戦後の偏見と中韓の謀略がつくりあげた嘘の構図を、白日のもとに晒すことが必要なのだ。1つは裁判で求めている朝日新聞による米国での謝罪広告。より大事なことは、一時的であったとしても、やすやすと朝日の嘘に騙されてしまった私を含む多くの日本人一人ひとりが、日本の歴史を知り、戦後の欺瞞を反省することにある。

それが、まだ途中ながら、この裁判で得た教訓と課題である。

弁護士・「朝日・グレンデール訴訟」弁護団長

徳永　信一

著者略歴

マイケル・ヨン　ジャーナリスト

1964年、米国フロリダ生まれ。80年代の5年間、米陸軍特殊部隊（グリーンベレー）に所属。2004年からイラク戦争、アフガン紛争に従軍記者として参加。世界70か国を巡り、レポート。世界の主要メディアからも注目されている。慰安婦問題では長く埋もれていたアメリカ政府の調査報告書「IWGレポート」を再発見し、「慰安婦問題」の真実をリサーチし続けている。

杉田《すぎた》 水脈《みお》　前衆議院議員

昭和42年、兵庫県生まれ。鳥取大学農学部林学科卒。兵庫県西宮市役所勤務などを経て、平成24年に日本維新の会公認で衆院選に出馬し初当選。平成26年に落選後は、国際社会での日本の汚名をそそぐために活動を続けている。著書に『慰安婦像を世界中に建てる日本人たち』（産経新聞出版）、『なぜ私は左翼と戦うのか』（青林堂）、河添恵子氏との共著『「歴史戦」はオンナの闘い』（ＰＨＰ研究所）など多数。

西岡《にしおか》 力《つとむ》　モラロジー研究所「歴史研究室」室長・麗澤大学客員教授

昭和31年、東京都生まれ。国際基督教大学卒、筑波大学大学院地域研究科修了。韓国・延世大学留学。外務省専門調査員、月刊『現代コリア』編集長、東京基督教大学教授を歴任。平成28年、髙橋史朗氏とともに「歴史認識問題研究会」を発足。「北朝鮮に拉致された日本人を救出するための全国協議会（救う会）」会長。著書に、『韓国分裂―親北左派VS韓米日同盟派の戦い』（扶桑社）、『増補新版　よくわかる慰安婦問題』（草思社文庫）、『朝日新聞「日本人への大罪」』（悟空出版）など多数。

山岡《やまおか》 鉄秀《てつひで》 AJCN代表・公益財団法人モラロジー研究所研究員

昭和40年、東京都生まれ。中央大学卒。豪州シドニー大学大学院、ニューサウスウエールズ大学大学院修士課程修了。2014年、シドニー郊外のストラスフィールド市において、中韓反日団体が仕掛ける慰安婦像設置計画に遭遇。子供を持つ母親ら現地日系人を率いてAJCN（Australia-Japan Community Network）を結成。「コミュニティの平和と融和の大切さ」を説いて非日系住民の支持を広げ、圧倒的劣勢を挽回。2015年8月、同市で「慰安婦像設置阻止」に成功した。現在も私有地への設置を巡って戦いを継続中。歴史認識問題研究会事務局長代行。

髙橋《たかはし》 史朗《しろう》 明星大学特別教授

昭和25年、兵庫県生まれ。早稲田大学大学院修了後、米国スタンフォード大学フーバー研究所客員研究員。臨時教育審議会専門委員、埼玉県教育委員会委員長などを歴任。男女共同参画会議議員、一般財団法人親学推進協会理事長などを務める。著書に、『「日本を解体する」戦争プロパガンダの現在』（宝島社）、『日本が二度と立ち上がれないようにアメリカが占領期に行ったこと』（致知出版社）、『家庭教育の再生』（明成社）など多数。

永門《ながと》 洋子《ようこ》 在米助産師・「朝日・グレンデール訴訟」原告

昭和31年、東京生まれ。東邦大学看護専門学校・日本赤十字社助産婦学校・青山学院大学文学部卒。日本赤十字社医療センター、東京医科歯科大学病院勤務を経て、平成8年、アメリカ・ニュージャージー州にて日本人初の開業助産師となる。現地の日本人女性たちと共に、歴史問題に端を発するいじめ被害に遭う子どもたちをサポートすべく「ひまわりJAPAN」を設立し、活動中。

徳永《とくなが》 信一《しんいち》 弁護士

昭和33年、大阪府生まれ。京都大学法学部卒業。40期司法修習生を経て、同63年に弁護士登録。徳永・岩原総合事務所所長。「朝日・グレンデール訴訟」の弁護団長を務める。

「慰安婦《いあんふ》」謀略戦《ぼうりゃくせん》に立ち向かえ！
日本の子供たちを誰が守るのか？

平成29年5月31日　初版第一刷発行

著　者　マイケル・ヨン　杉田水脈　西岡力　山岡鉄秀
　　　　高橋史朗　永門洋子　徳永信一
発行者　小田村四郎
発　行　株式会社明成社
　　　　〒154-0001
　　　　東京都世田谷区池尻３－２１－２９－３０２
　　　　電　話　０３（３４１２）２８７１
　　　　ＦＡＸ　０３（５４３１）０７５９
　　　　http://www.meiseisha.com
印刷所　モリモト印刷株式会社

乱丁・落丁は送料当方負担にてお取替え致します。

ISBN978-4-905410-42-3 C0031

●明成社の本

「慰安婦」政府資料が証明する
〈河野談話〉の虚構

勝岡寛次／著

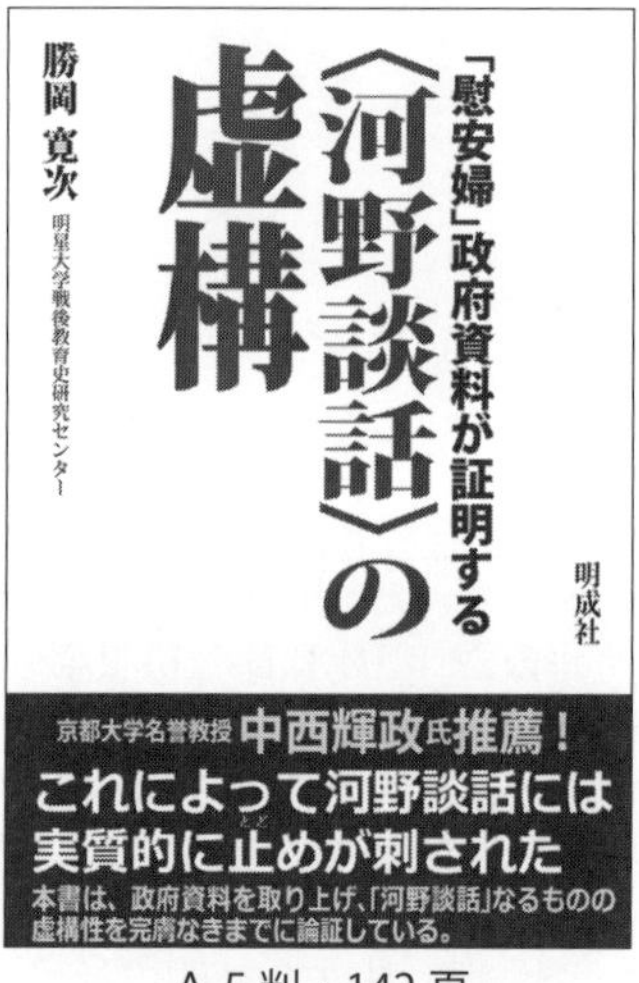

A 5 判・142 頁
定価：本体 1200 円＋税

平成 26 年 6 月、安倍政権によって、河野談話の作成過程の検証結果が報告され、8 月には朝日新聞がこれまでの捏造や誤報に対する弁明を大々的に紙面に掲げるなど、ようやく真実が明らかになり始めた従軍慰安婦問題。
本書は日本政府の一級資料を徹底分析、「強制連行」「性奴隷」共に史実ではなかったことを明らかにし、河野談話に実質的にトドメを刺す一冊。

〈主な内容〉


《第一章》　河野談話の主張する、日本軍の関与と「強制」

《第二章》　慰安婦募集の実態－政府調査資料から見えてきたこと　慰安婦は「強制連行」されたのか？

《第三章》　慰安婦は「性奴隷」だったのか？

《結　び》　慰安婦に対する歴史認識は、どうあるべきか

明成社オンライン　https://meiseisha.thebase.in/